股票行情的
真谛

TRUTH OF
THE STOCK TAPE

[美] 威廉·江恩 著

钟业红 译

企业管理出版社
ENTERPRISE MANAGEMENT PUBLISHING HOUSE

图书在版编目（CIP）数据

股票行情的真谛 / (美) 威廉·江恩著; 钟业红译.
— 北京: 企业管理出版社, 2022.8
ISBN 978-7-5164-2664-7

Ⅰ.①股… Ⅱ.①威…②钟… Ⅲ.①股票投资—基本知识 Ⅳ.① F830.91

中国版本图书馆 CIP 数据核字 (2022) 第 128383 号

书　　　名	股票行情的真谛
作　　　者	(美) 威廉·江恩
书　　　号	ISBN 978-7-5164-2664-7
责任编辑	郑小希
出版发行	企业管理出版社
经　　　销	新华书店
地　　　址	北京市海淀区紫竹院南路 17 号　　邮　　编：100048
网　　　址	http://www.emph.cn　　电子信箱：qigung1961@163.com
电　　　话	编辑部 (010) 68414643　　发行部 (010) 68701816
印　　　刷	北京明恒达印务有限公司
版　　　次	2023 年 4 月 第 1 版
印　　　次	2023 年 4 月 第 1 次印刷
开　　　本	160mm×235mm　　1/16
印　　　张	14.75 印张
字　　　数	220 千字
定　　　价	68.00 元

版权所有　翻印必究　·　印装有误　负责调换

对一本书进行深入研究，往往可以使人获得成功，并且还能决定人一生的道路。

正确使用书籍，可以获益匪浅。当知识匮乏、力量薄弱时，转向书籍，可以开阔视野、明晰理念。

——拉尔夫·W. 爱默生

前 言

你们当受我的教训,不爱白银。宁得知识,胜过黄金。因为智慧比珍珠更美。一切可喜爱的,都不足以比较。
——《圣经》(箴言8:10~11)

提到用盈余资金进行投资的话题时,我要声明的是,没有一个话题能比这个话题更与你的财富休戚相关了,你可以从笔者的指导中获得许多有价值的帮助。

在美国,每年都有数以百万美元的巨额资金因愚蠢的决策和傻瓜般的投资而打水漂,这些无谓的损失可以追溯到一个原因,那就是缺乏投资知识。那些即使是处理点小病,甚至是调节厨房水龙头这样普通的小事情都要请教专家(医生或水管工人)的人,经常会毫无准备就不假思索地将成千上万美元的资金投入到他们一无所知的企业中去。所以，如果他们损失惨重，那也是理所当然，毫不奇怪的了。

我所提供的建议都是科学的投资建议与忠告。如同医生一样，医生并不能保证你长命百岁或小病不沾，但在你遇到困难时，他可以运用其常年积累的专业知识和多年的实践经验满足你的一时之需。笔者并不是向你提供毫无实践意义、华而不实的理论，而是给你提供一些极有价值的建议，如果你采纳这些建议，它将保证你在日常投机或其他领域内的投资成果斐然。

人们通常都认为，如果某位小说家著书立传首先是为了报酬，其次才相信自己所写的东西，那么他以及其作品就不会流芳百世。同样的道理，如果推销员不相信自己所推销的产品质量，他就不会获得成功。而笔者相信自己在书中所归纳的理论和原则，因为我曾经屡试不爽。

我写作这本书的目的旨在强调和阐明那些具有实践价值的基本原理。我的知识来自于二十多年的从业经验，我所走过的崎岖道路也是每个毫无从业经验的交易者在成功之前所必须经历的道路。因此，我写这本书的目的，是为了向读者传达一些有实践意义的新东西，而不是华而不实的空洞理论。

恳请读者反复研读这本书，仔细研究每一幅股市行情变化图和每一个主题，每读一遍，都会有新的启示和见解。

即使仅仅只能让几个人停止赌博式的投资而踏上保守投资的道路，笔者的工作就算没白费，我为此付出的种种努力就算是得到了极大回报。

威廉·江恩

目录
contents

第一篇　交易前的准备 ··· 1
- 第 1 章　何谓看盘 ··· 3
- 第 2 章　你在股市中能否盈利 ································· 5
- 第 3 章　如何看懂盘面 ·· 7
- 第 4 章　大盘也会捉弄人 ······································· 11
- 第 5 章　股票是如何出售到公众手中的 ···················· 20
- 第 6 章　克服人性的弱点 ······································· 25
- 第 7 章　投资者必备的基本素质 ······························ 27

第二篇　如何进行交易 ··· 33
- 第 8 章　成功交易的 12 大规则 ······························ 35
- 第 9 章　股票操作方法 ·· 50
- 第 10 章　股市行情变化图及其用途 ······················· 64
- 第 11 章　股票市场的七个行动区域 ······················· 69
- 第 12 章　认识所交易股票的习性 ·························· 73
- 第 13 章　股票的不同种类 ···································· 84
- 第 14 章　学会正确看盘 ······································· 94

1

第 15 章　行情何时结束的最终信号 …………………… 101

第三篇　如何确定股票的行情走势 …………………… 105

第 16 章　不同板块的行情走势 ………………………… 107
第 17 章　确定股市的总体走势 ………………………… 109
第 18 章　如何判断强势股 ……………………………… 111
第 19 章　如何判断个股处于弱势走势 ………………… 118
第 20 章　判断最终的顶部和底部 ……………………… 122
第 21 章　同一幅度内的震荡次数 ……………………… 132
第 22 章　突破以往的水平 ……………………………… 136
第 23 章　铁路股的顶部和底部 ………………………… 149
第 24 章　工业股的顶部和底部 ………………………… 153
第 25 章　低价股的吸筹 ………………………………… 158
第 26 章　如何看护好投资 ……………………………… 161

第四篇　期　货 …………………………………………… 167

第 27 章　棉花期货交易的方法 ………………………… 169
第 28 章　解读棉花大盘的正确方法 …………………… 176
第 29 章　如何判断走势的变化 ………………………… 183
第 30 章　棉籽象鼻虫 …………………………………… 186
第 31 章　小麦和玉米交易 ……………………………… 189
第 32 章　判定吸筹区间和派发区间 …………………… 193

本书图表

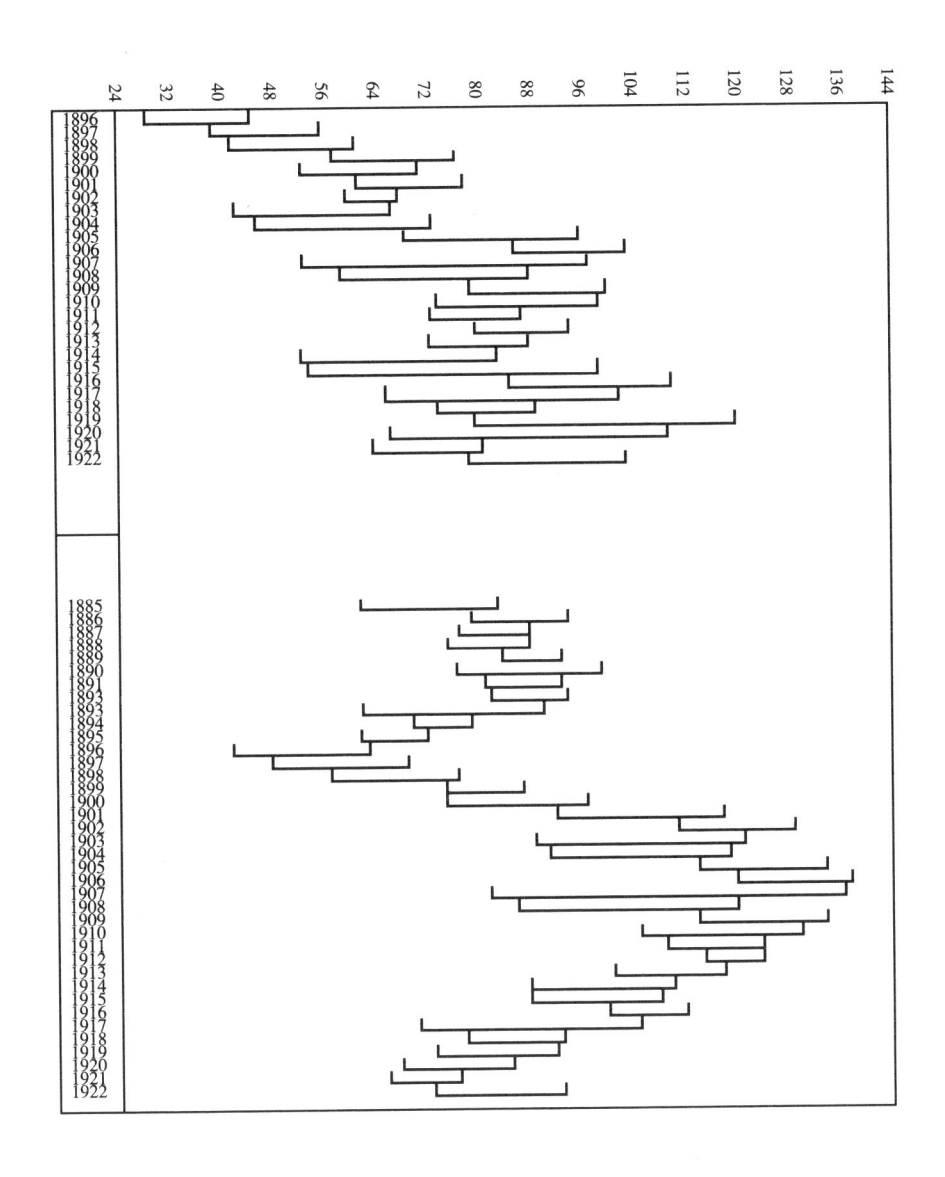

图1 道琼斯平均年度指数年度高位与年度低位

(20只工业股票：1896—1922年 20只铁路股票：1885—1922年)

(本书82页、113页)

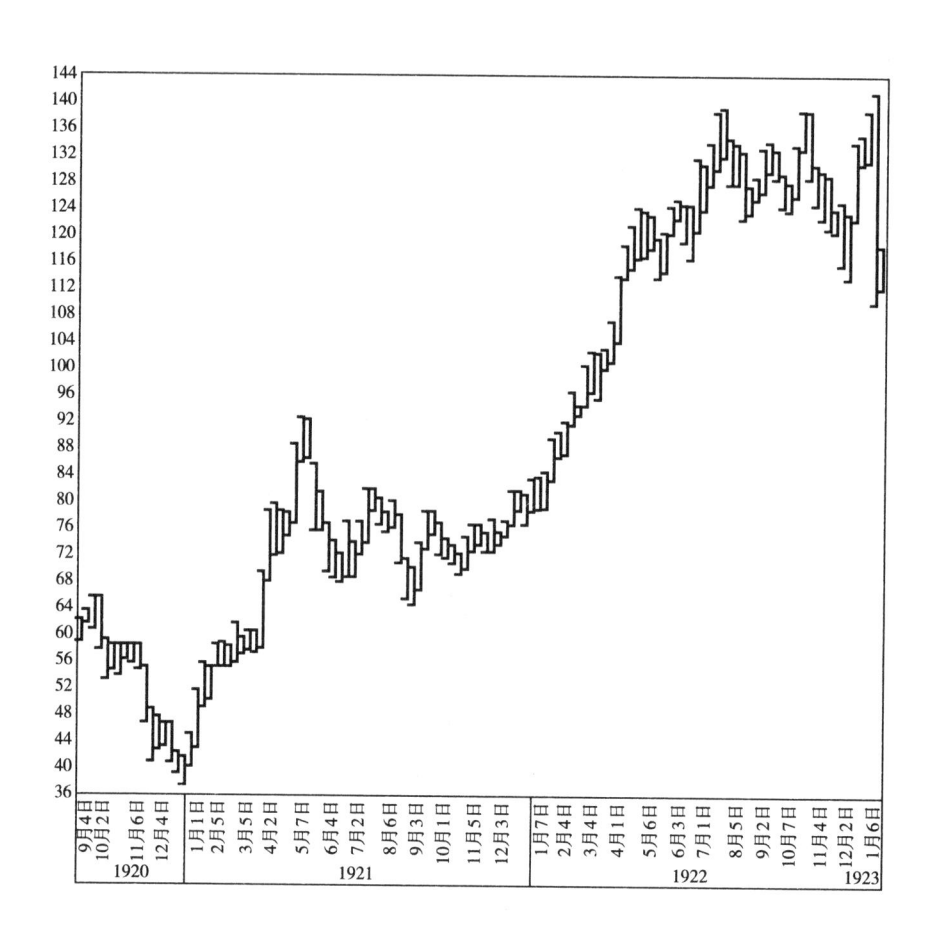

图2　斯图特贝克股每周高位和每周低位

（1920年9月4日—1923年1月6日）

（本书54页、94页、111页、124页）

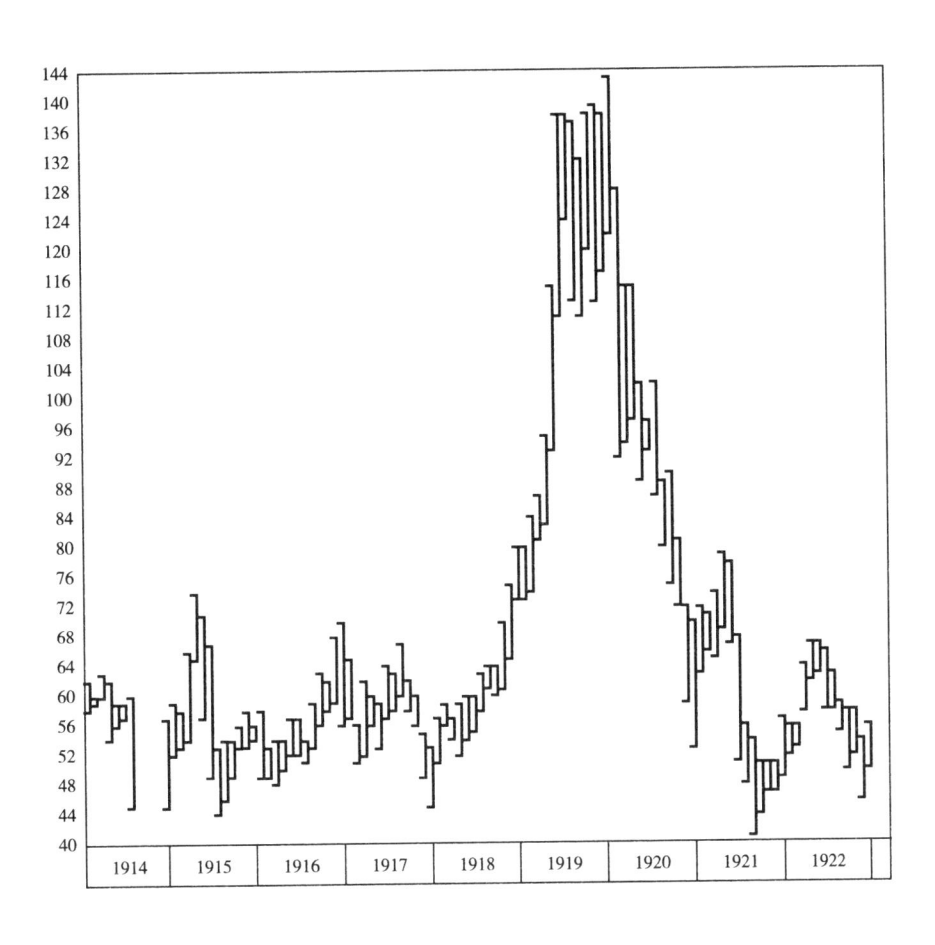

图 3　美国橡胶月度峰值和月度谷值

（1914—1922 年）

（本书 101 页、129 页）

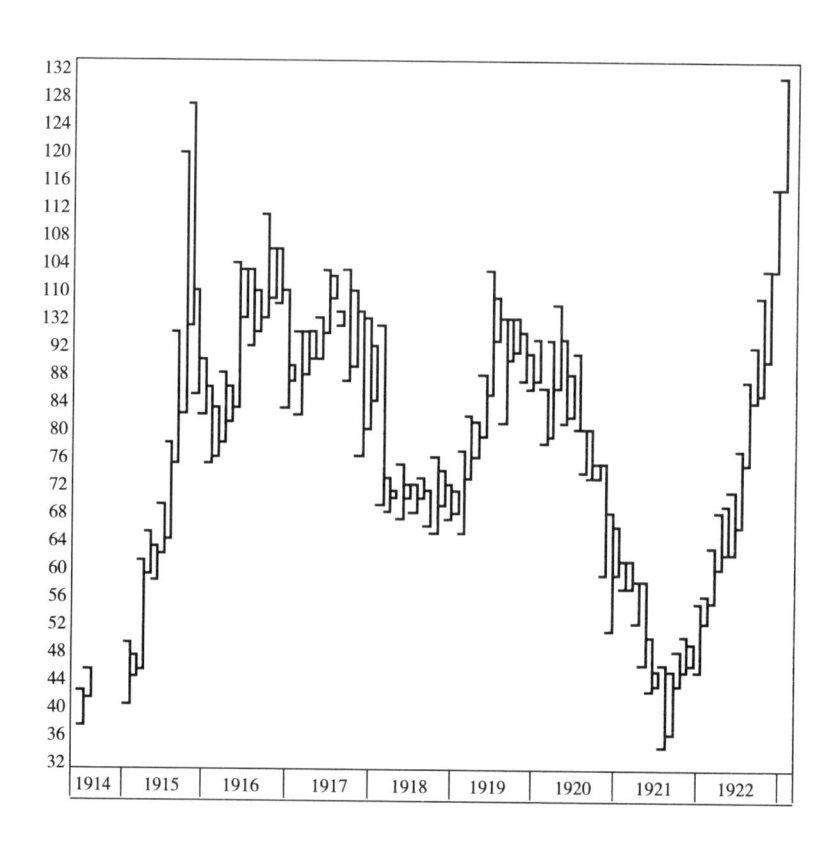

图 4　大陆罐头月度峰值和月度谷值

（1914—1922 年）

（本书 109 页）

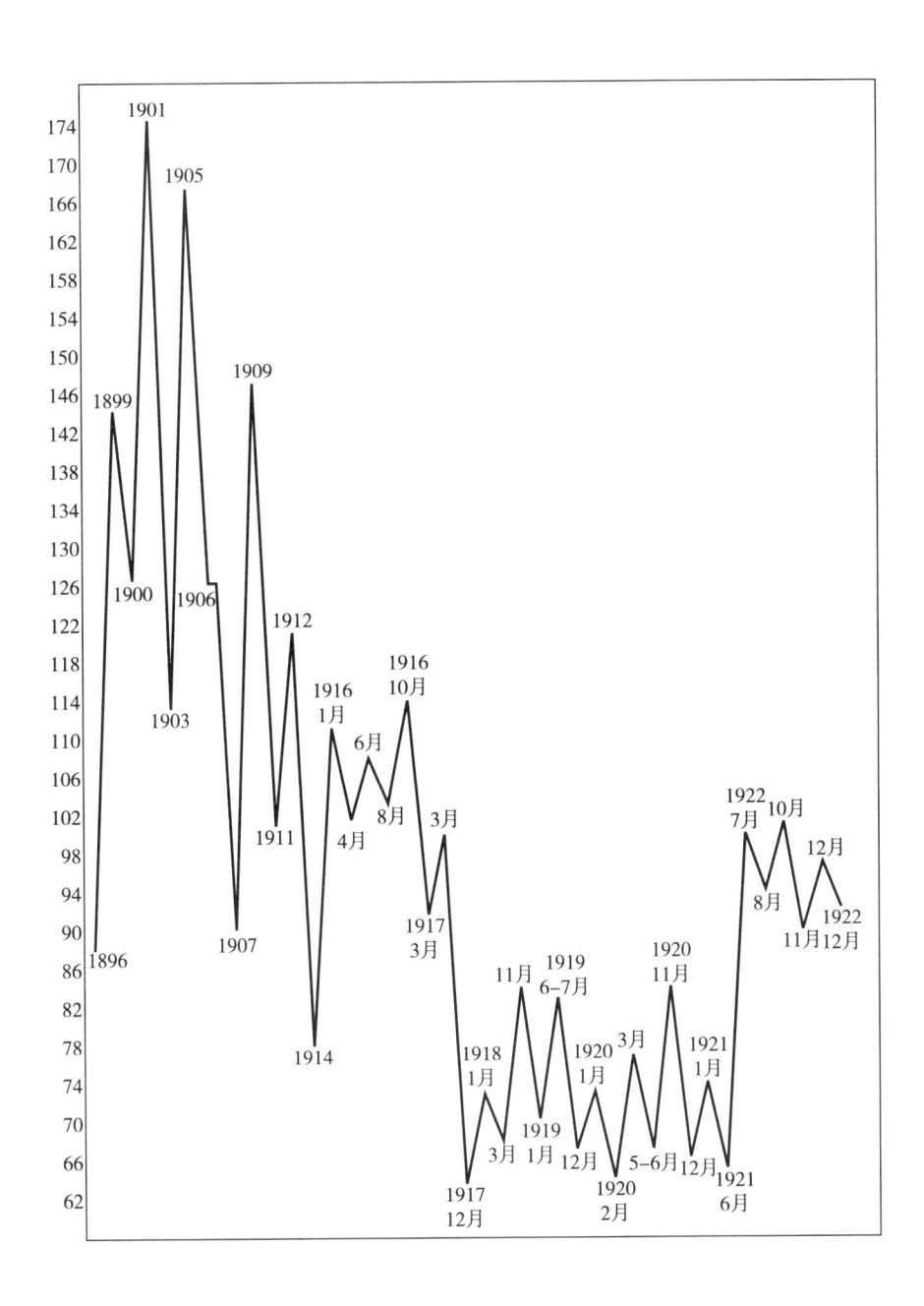

图5　纽约中央公司股价波动图

（1896—1922年）

（本书78页、114页）

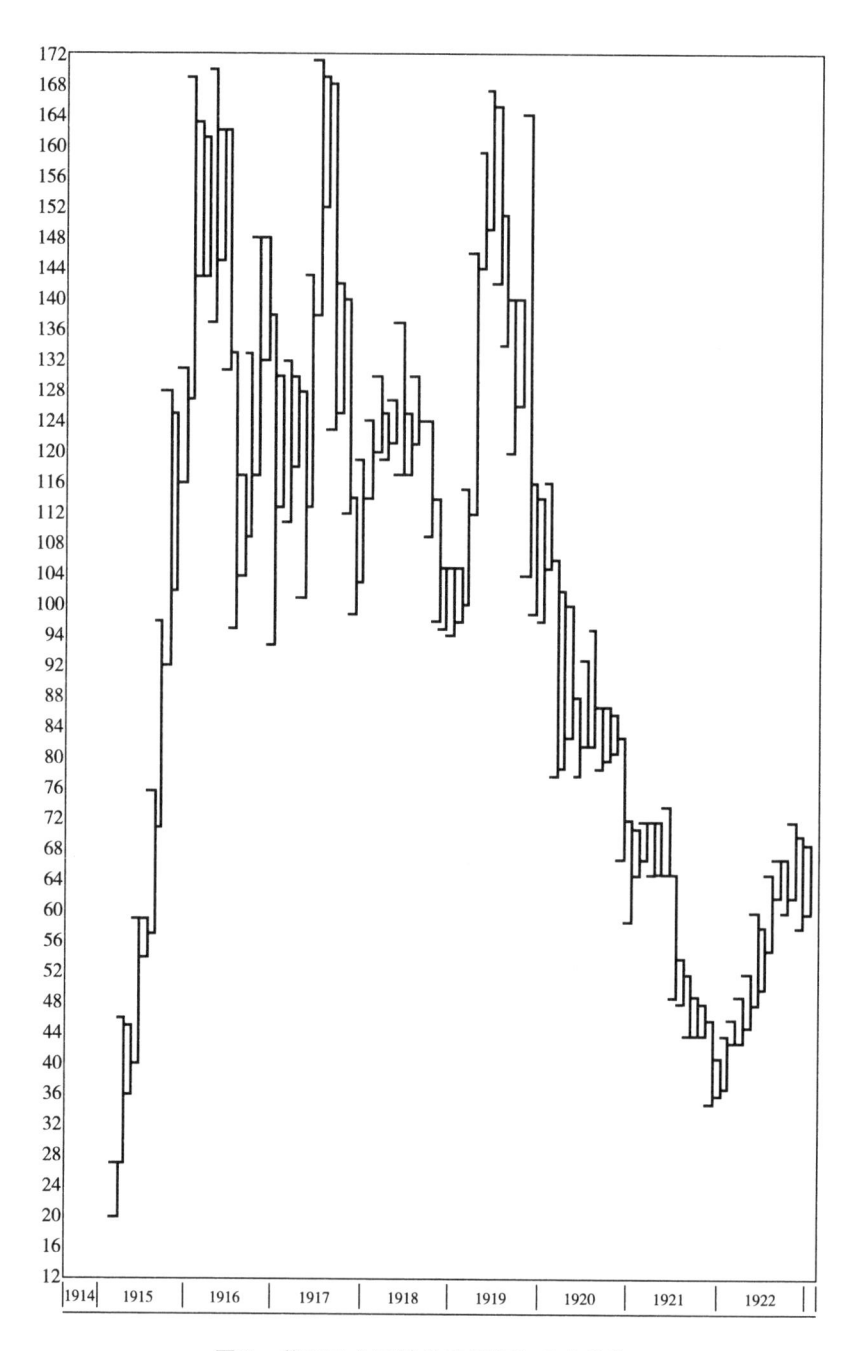

图6 美国工业酒精月度峰值和月度谷值

（1914—1922年）

（本书77页、118页）

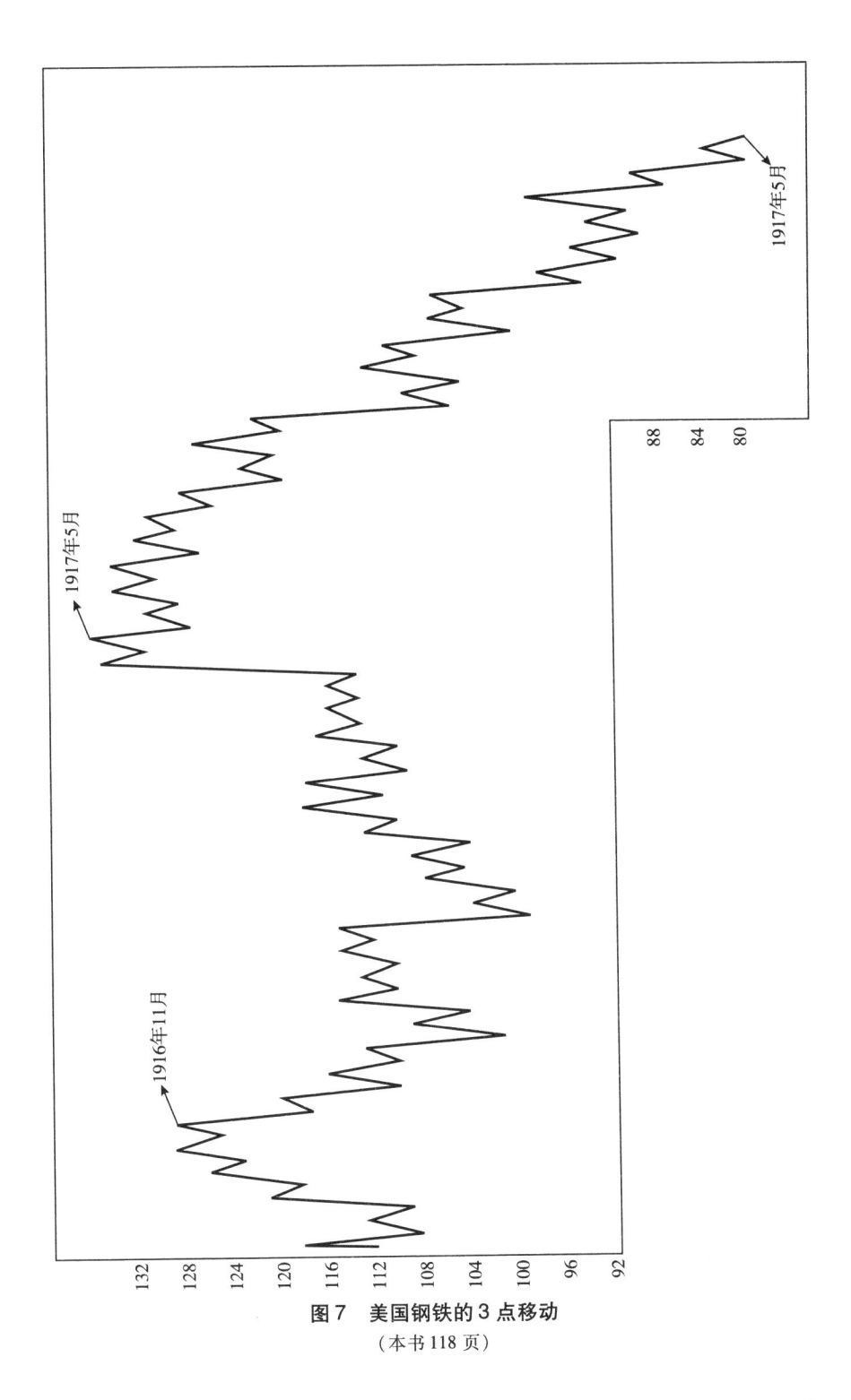

图7 美国钢铁的3点移动
（本书118页）

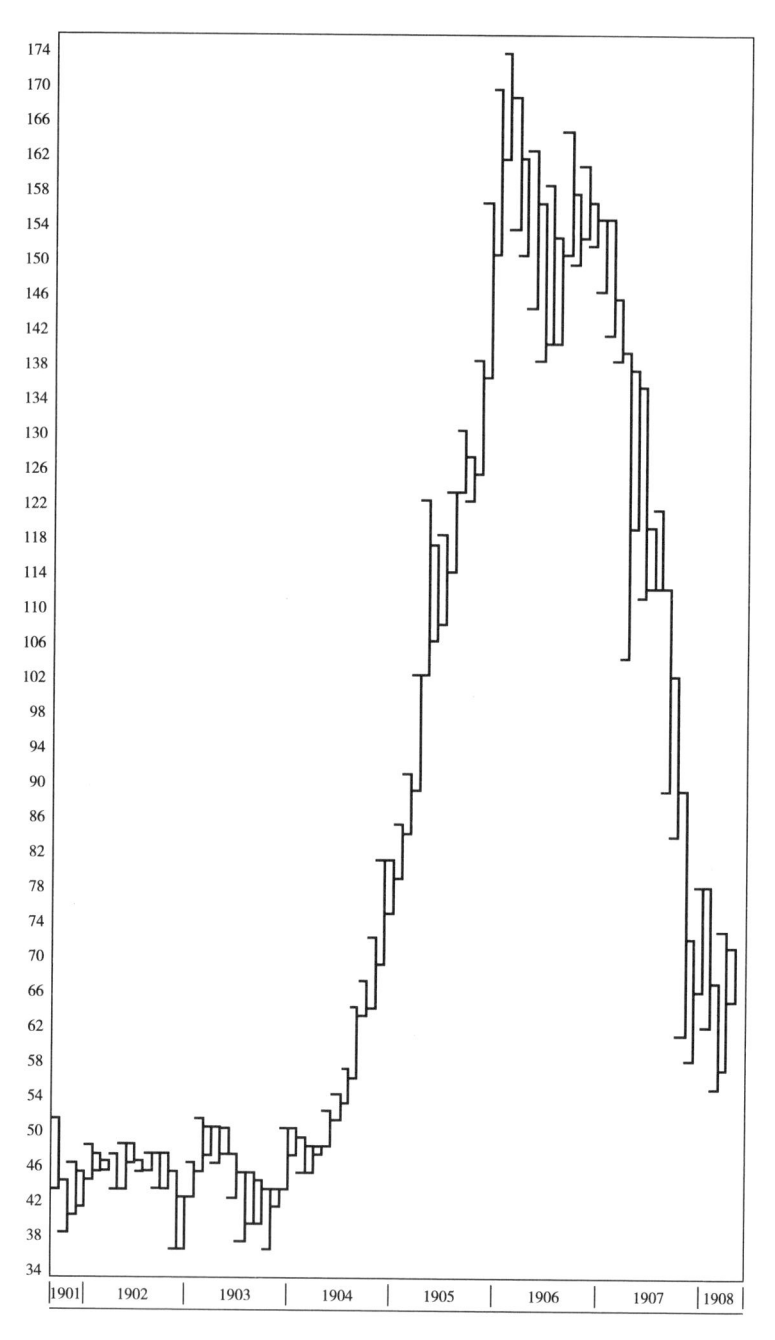

图 8　美国熔炼的月度峰值和月度谷值

（1901—1908 年）

（本书 125 页、143 页）

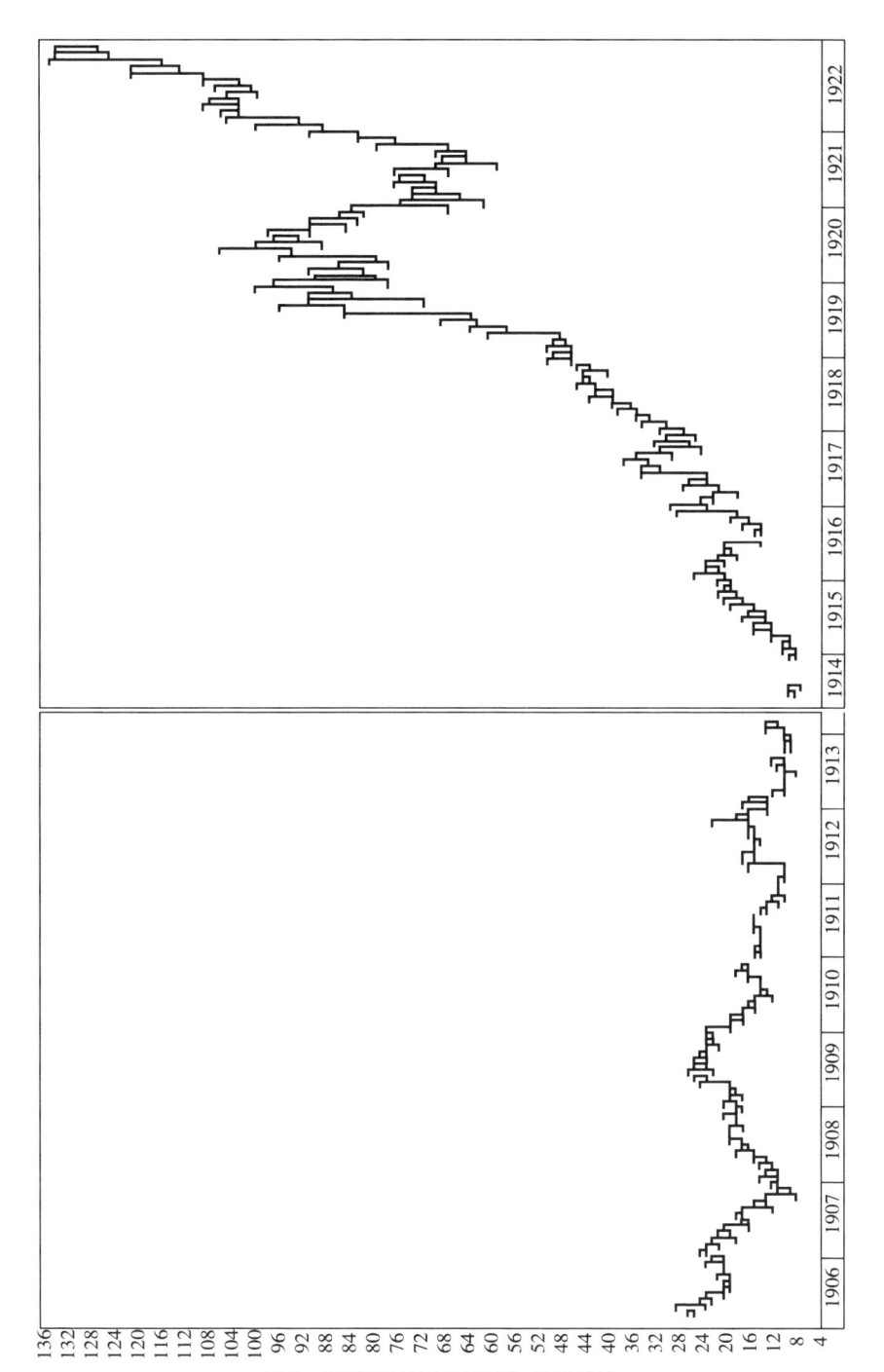

图 9 玉米制品月度峰值和月度谷值
（1906—1913 年）
（本书 128 页、147 页、158 页）

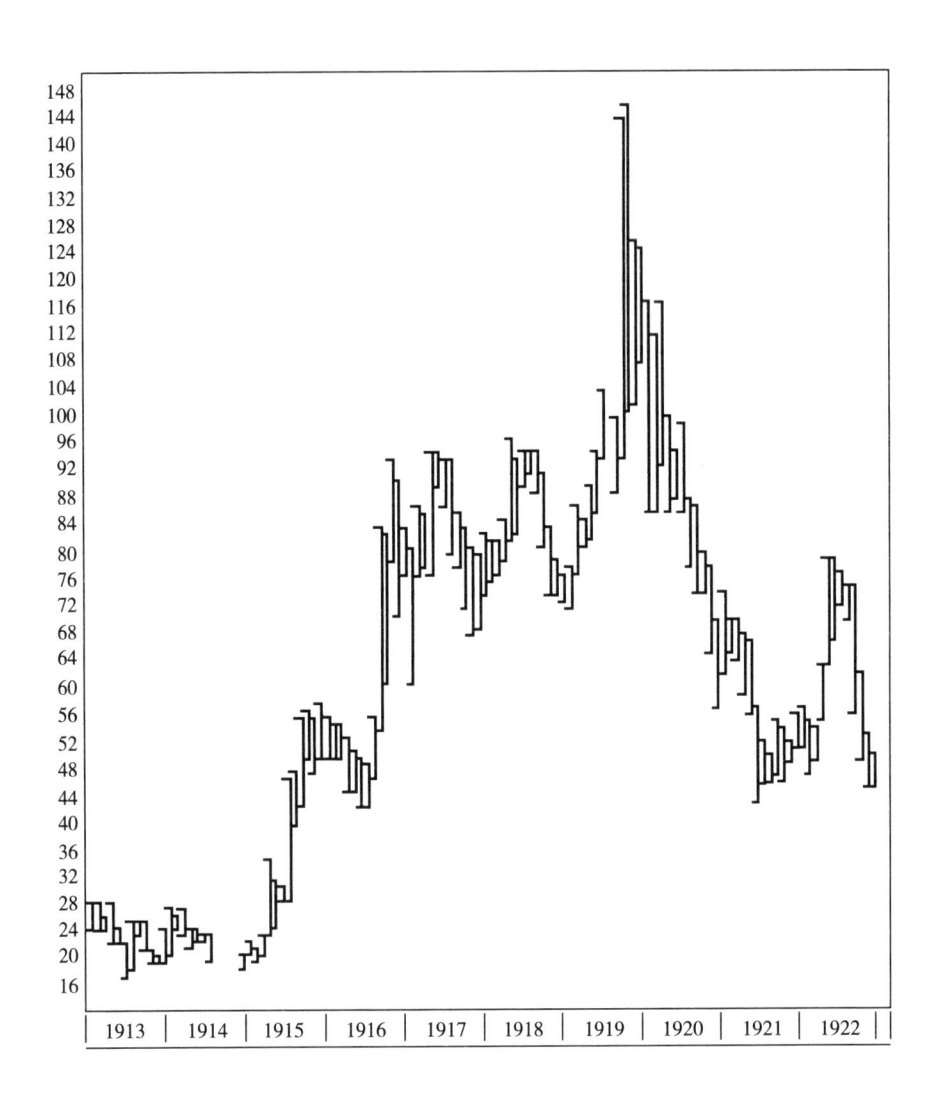

图 10　共和钢铁月度峰值和月度谷值

（1914—1922 年）

（本书 136 页）

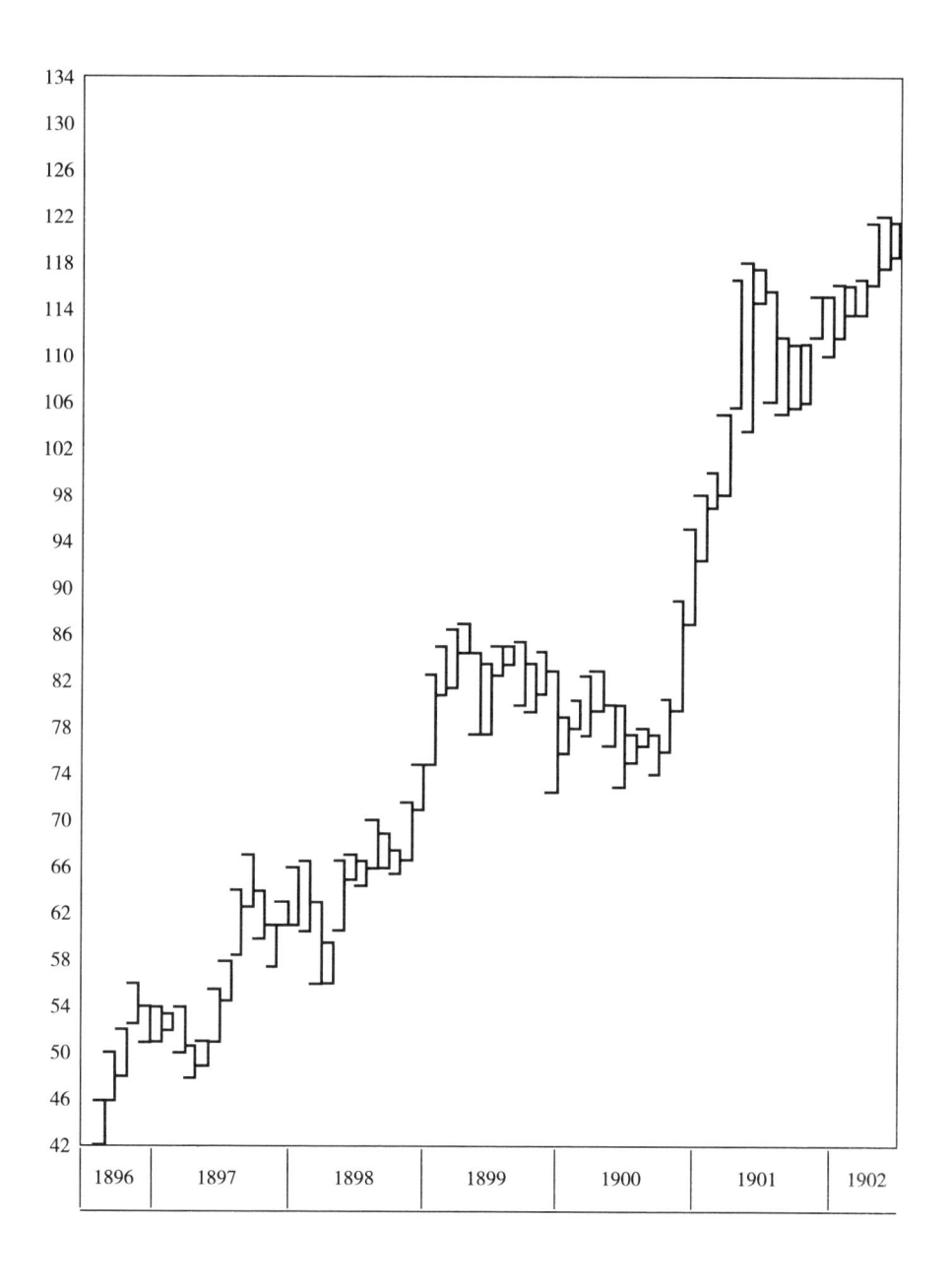

图 11 道琼斯平均指数 20 只铁路股月度峰值和月度谷值

(1896—1902 年)

(本书 77 页、149 页)

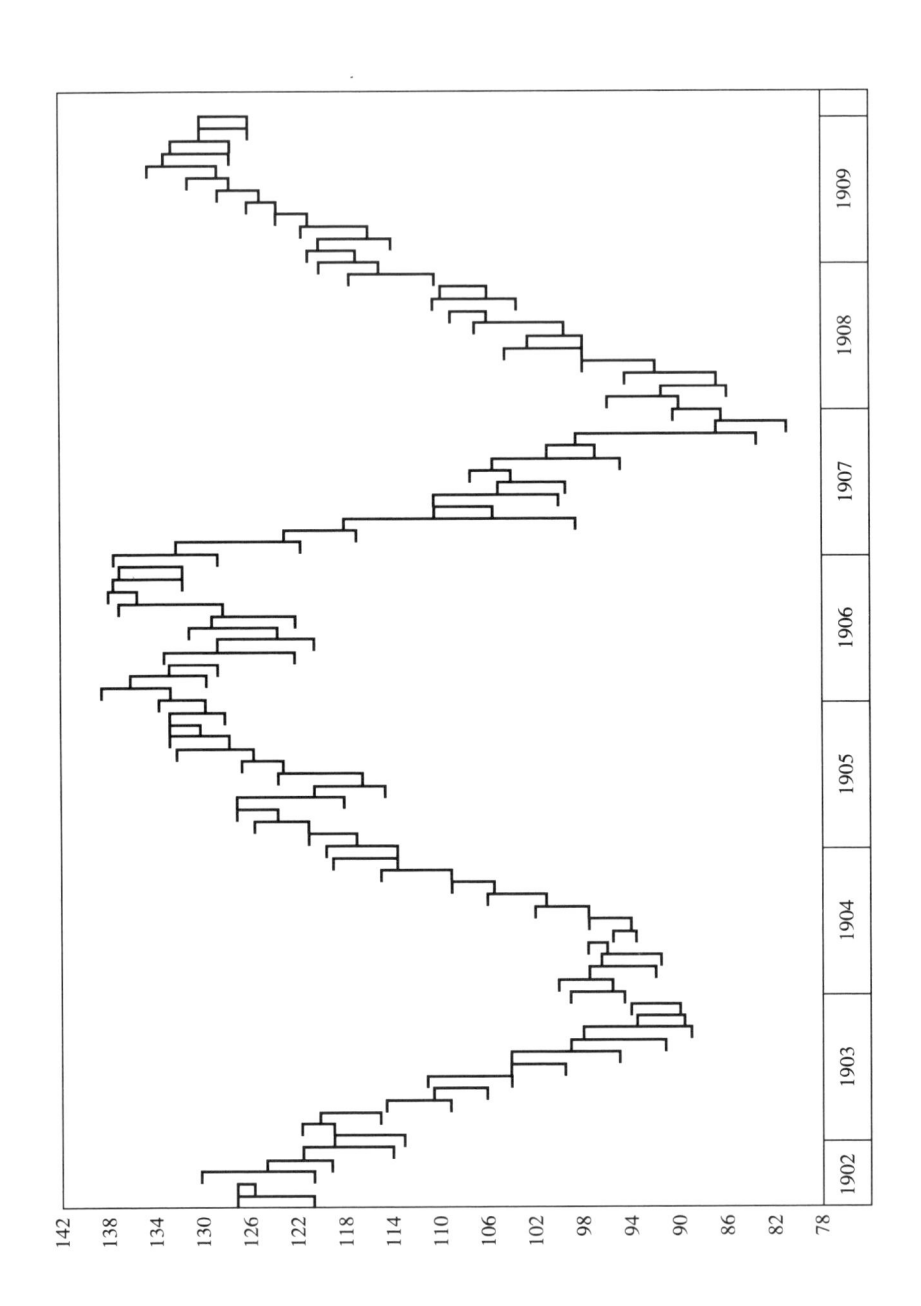

图11 道琼斯平均指数20只铁路股月度峰值和月度谷值
（1902—1909年）

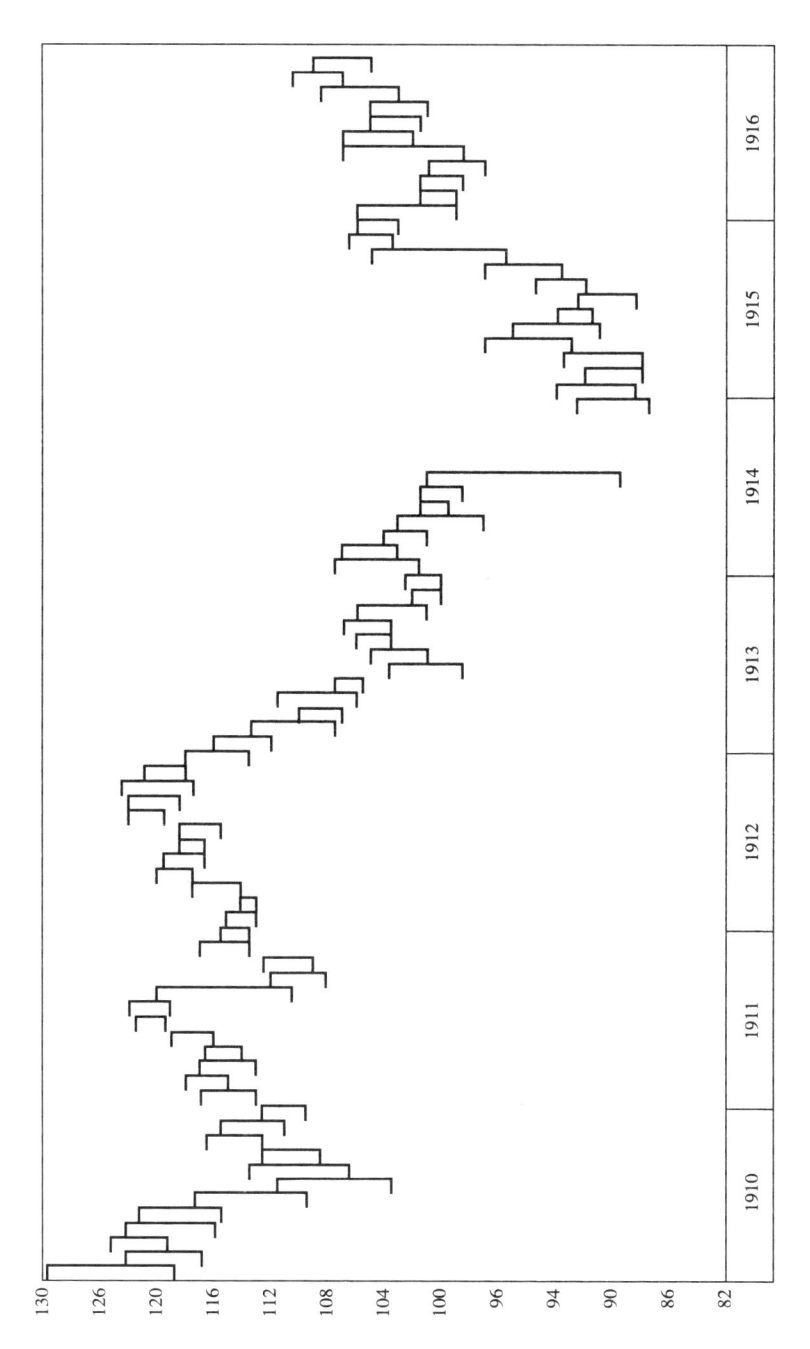

图 11 道琼斯平均指数 20 只铁路股月度峰值和月度谷值
（1910—1916 年）

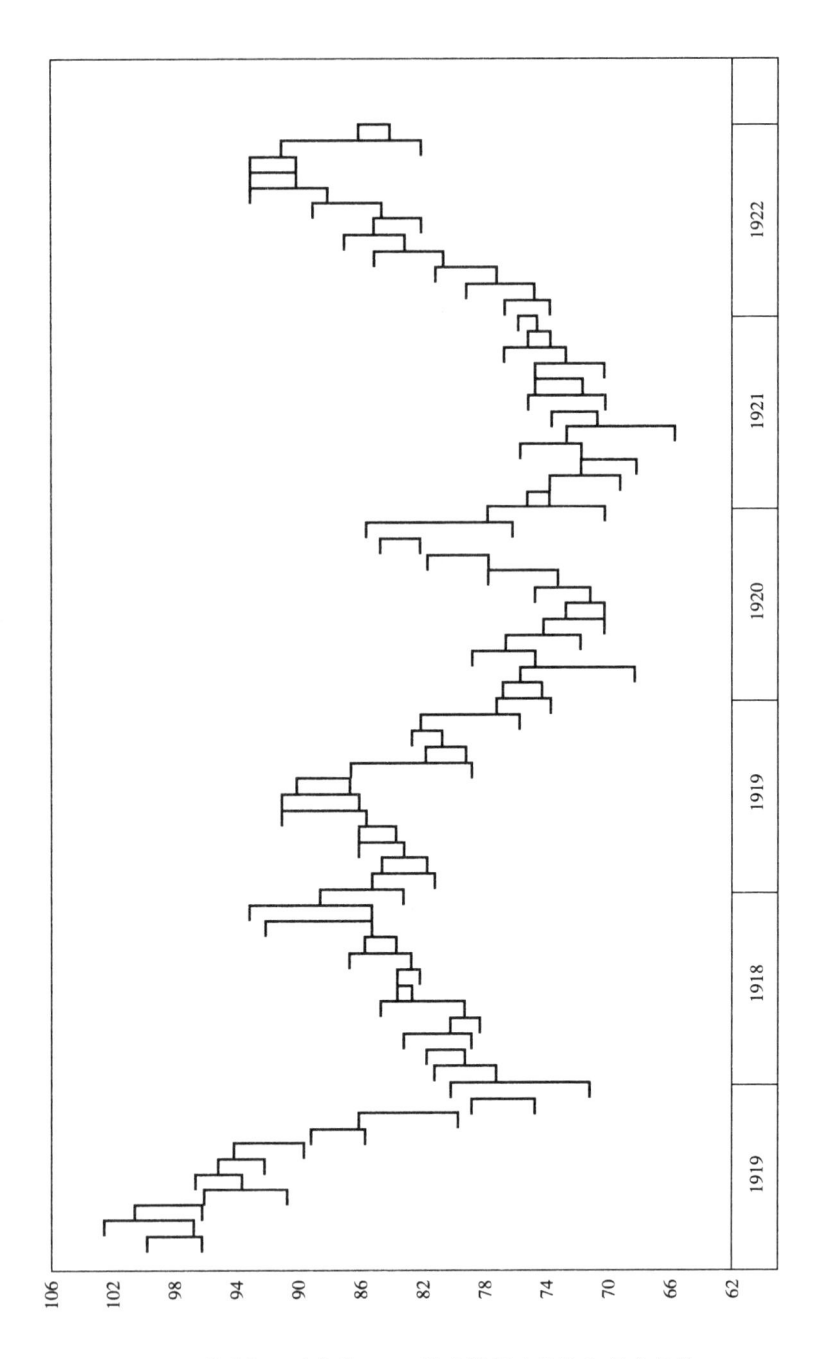

图 11 道琼斯平均指数 20 只铁路股月度峰值和月度谷值
（1919—1922 年）

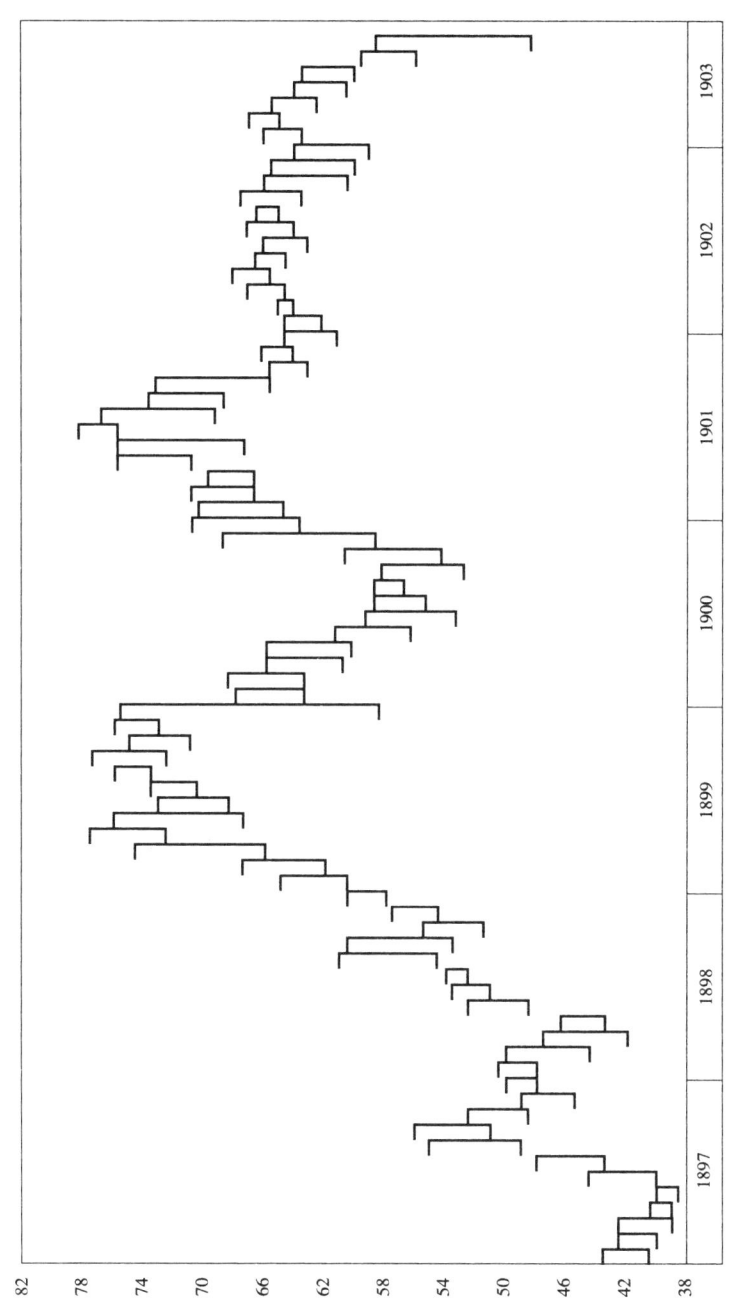

图 12 道琼斯平均指数 20 只铁路股月度峰值和月度谷值
（1896—1903 年）
（本书 77 页、153 页、155 页）

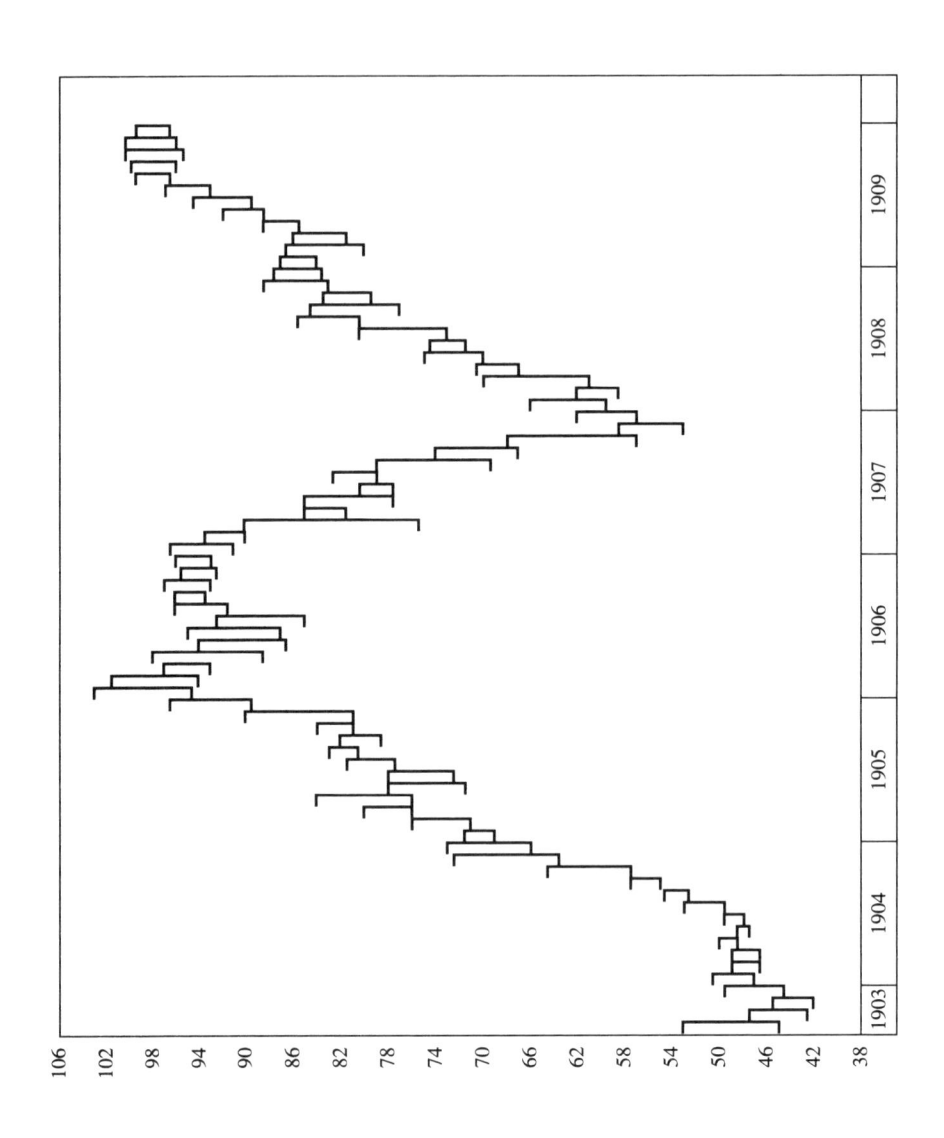

图12 道琼斯平均指数 20 只铁路股月度峰值和月度谷值
（1903—1909 年）

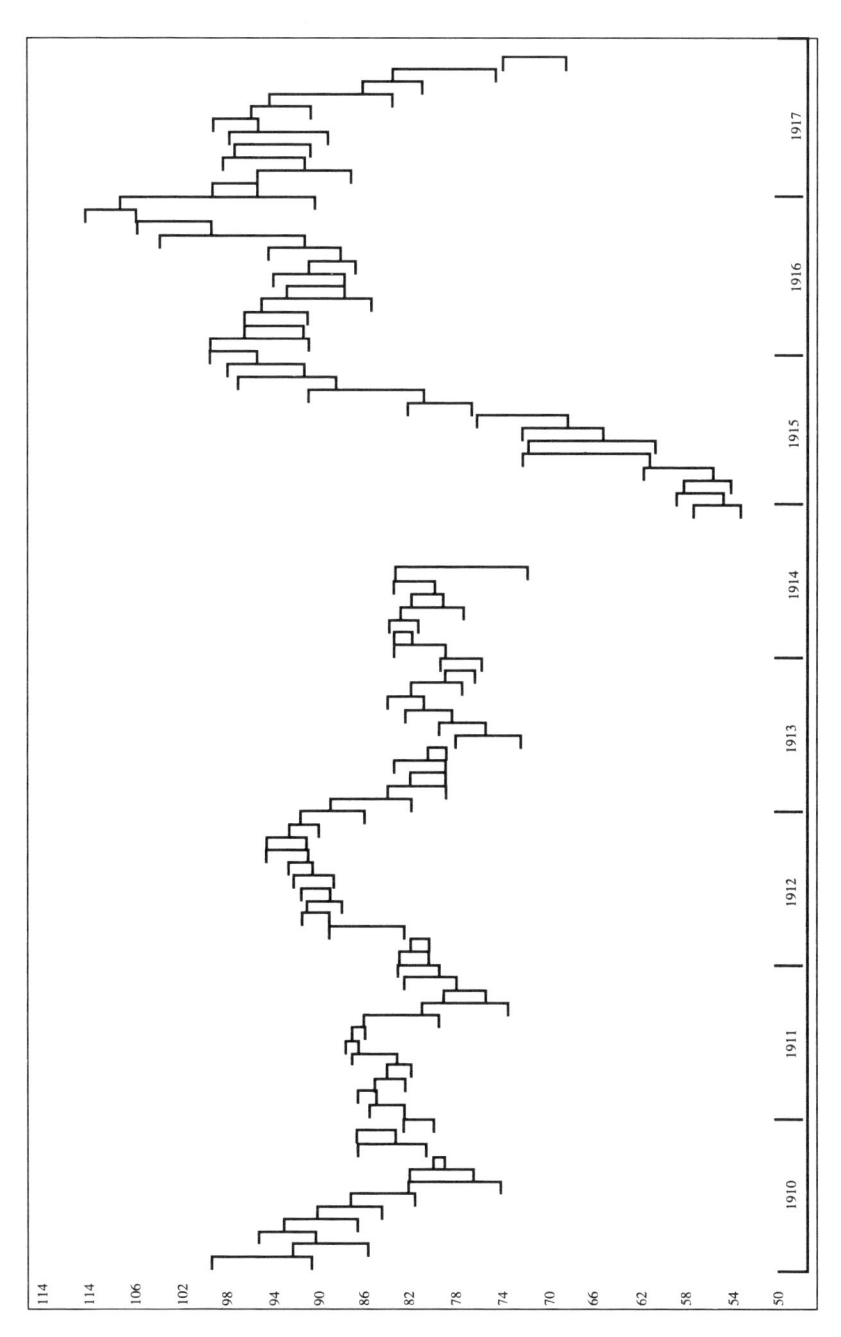

图12 道琼斯平均指数20只铁路股月度峰值和月度谷值
（1910—1917年）

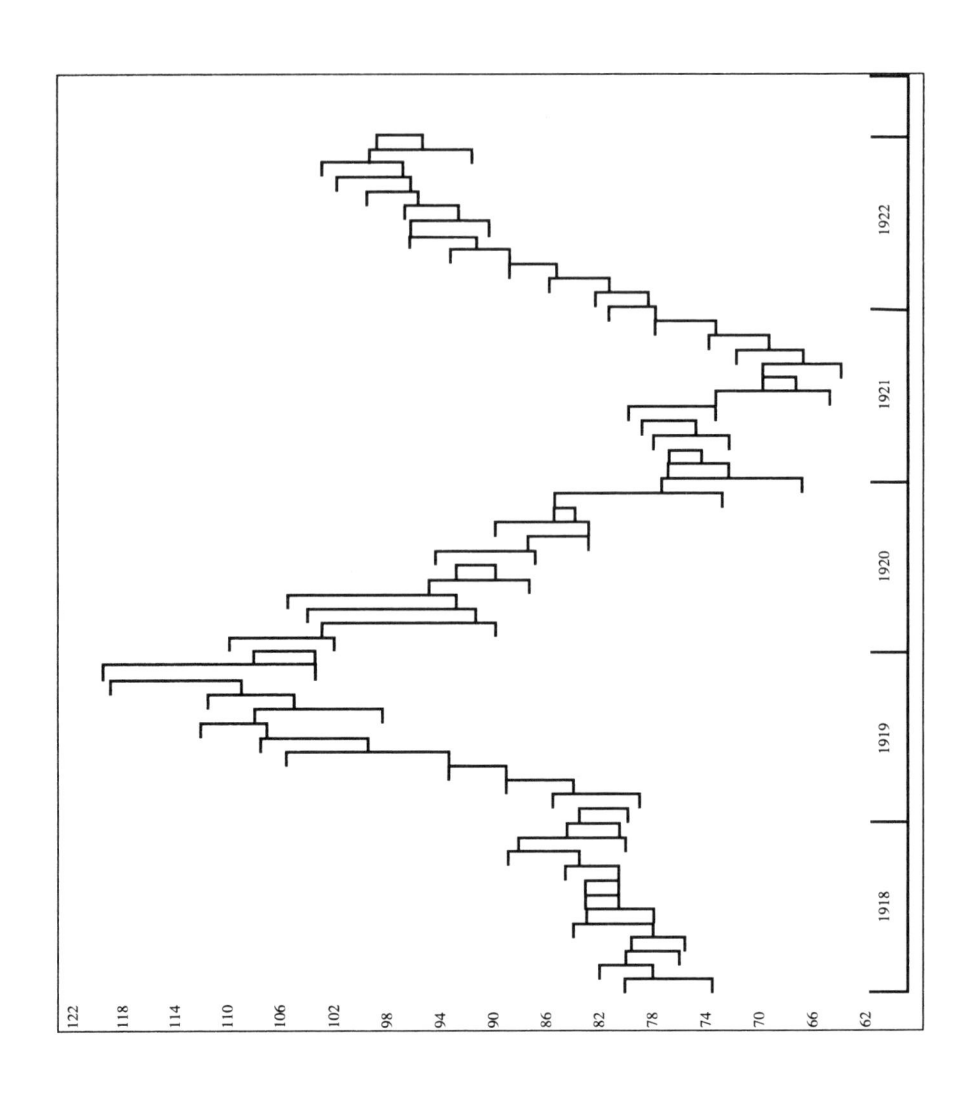

图 12 道琼斯平均指数 20 只铁路股月度峰值和月度谷值
（1918—1922 年）

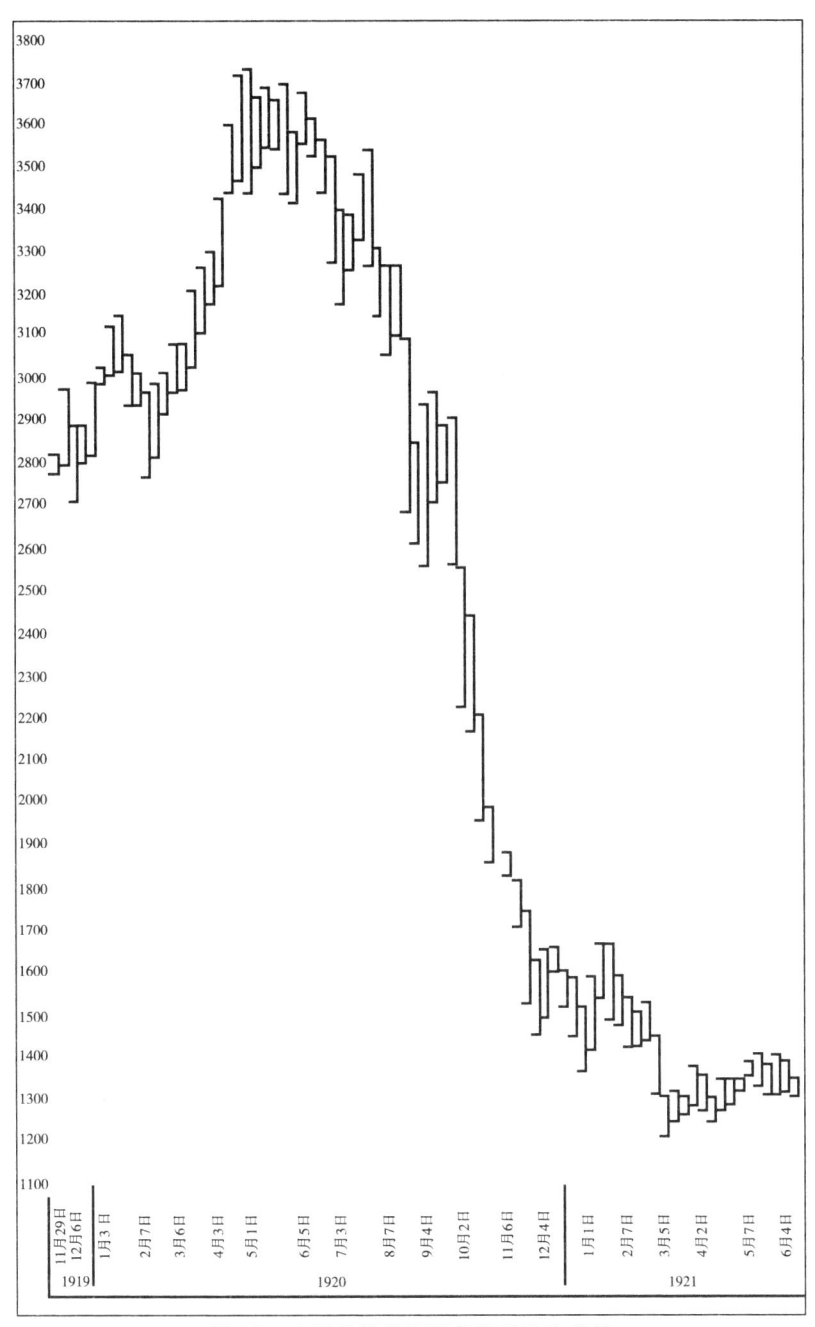

图 13 十月份棉花期货每周峰值和谷值

（1919 年 11 月—1923 年 1 月）

（本书 177 页）

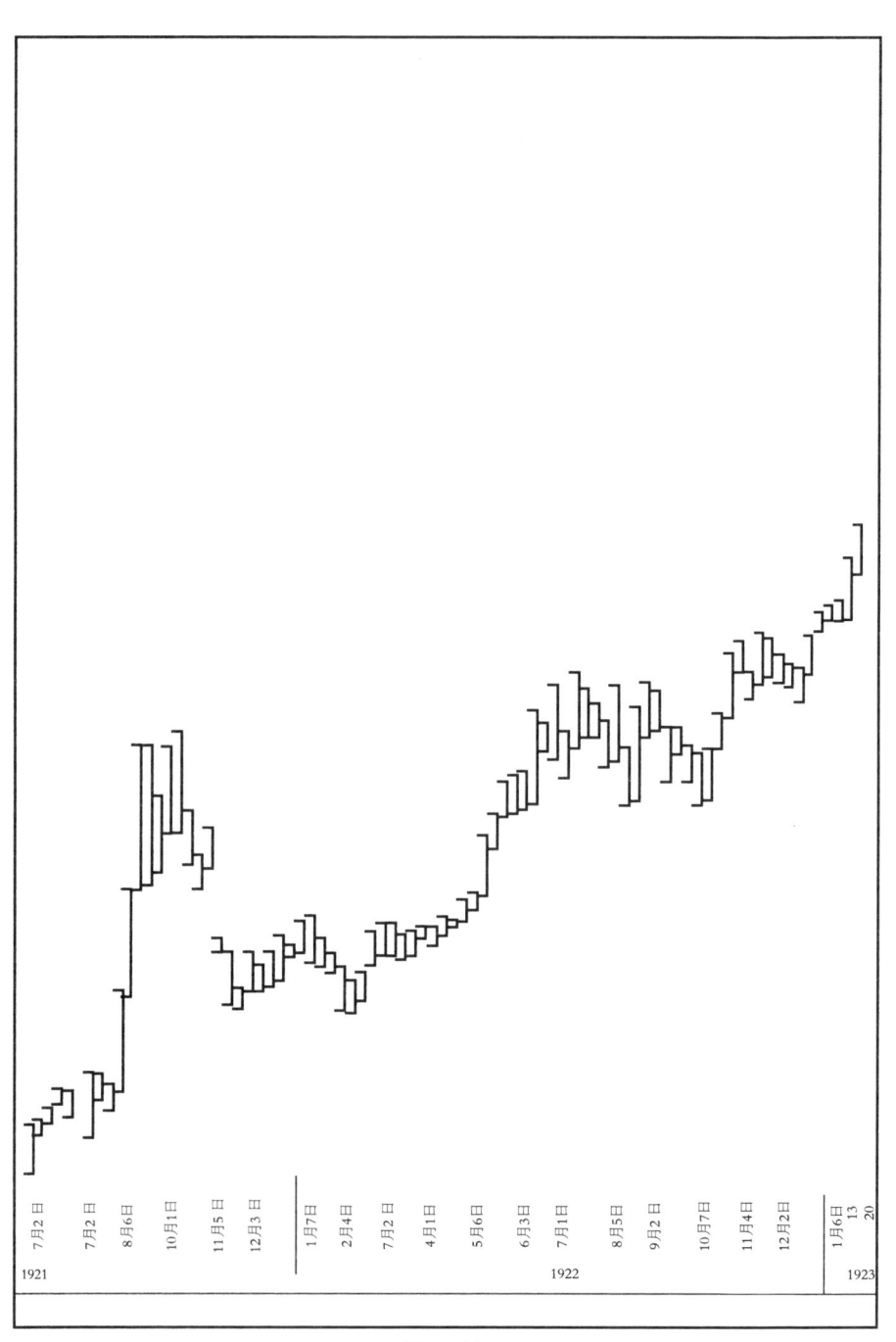

图 13 续

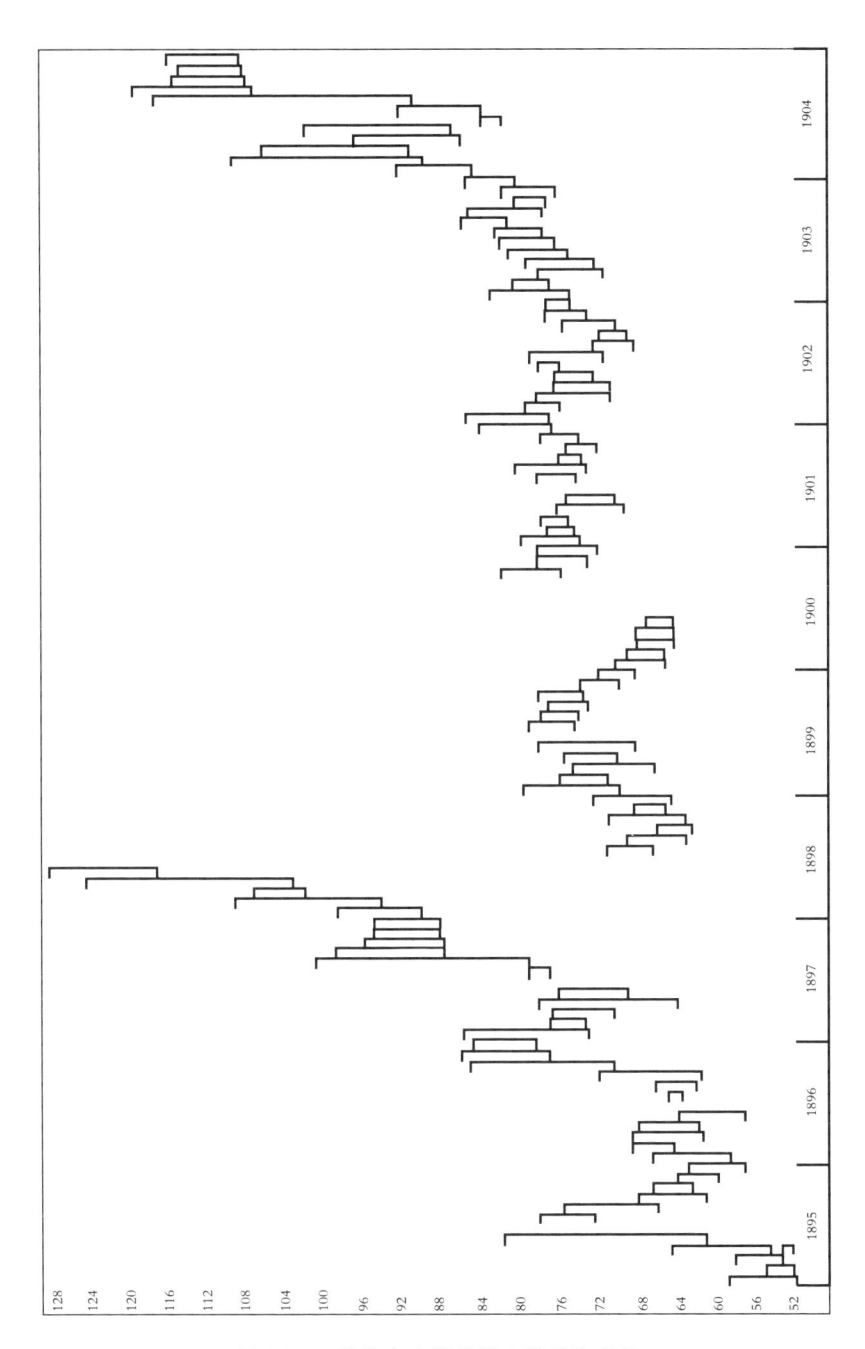

图 14　五月份小麦期货月度峰值和谷值

（1895—1904 年）

（本书 194 页）

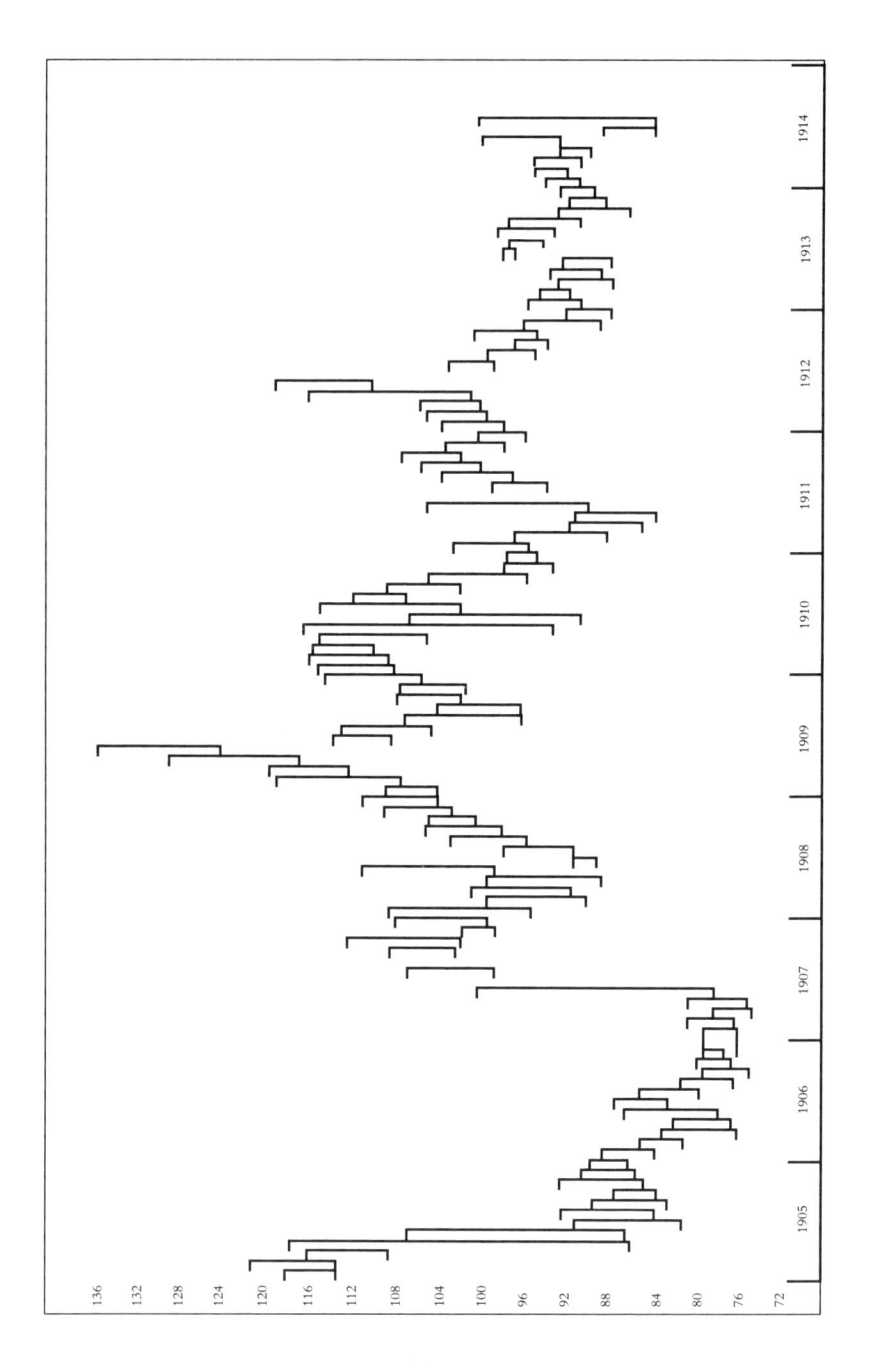

图14 五月份小麦期货月度峰值和谷值
(1905—1914年)

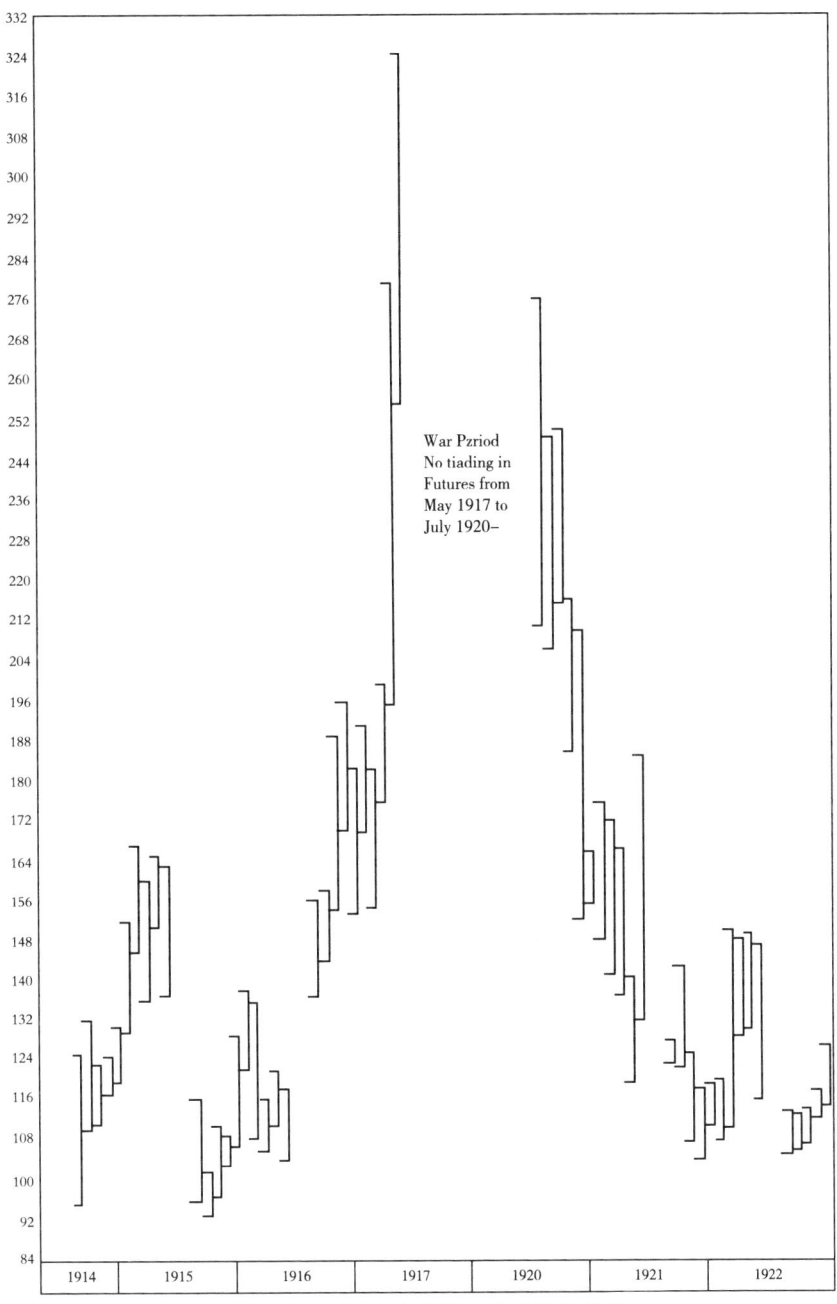

图 14 五月份小麦期货月度峰值和谷值
(1914—1922 年)

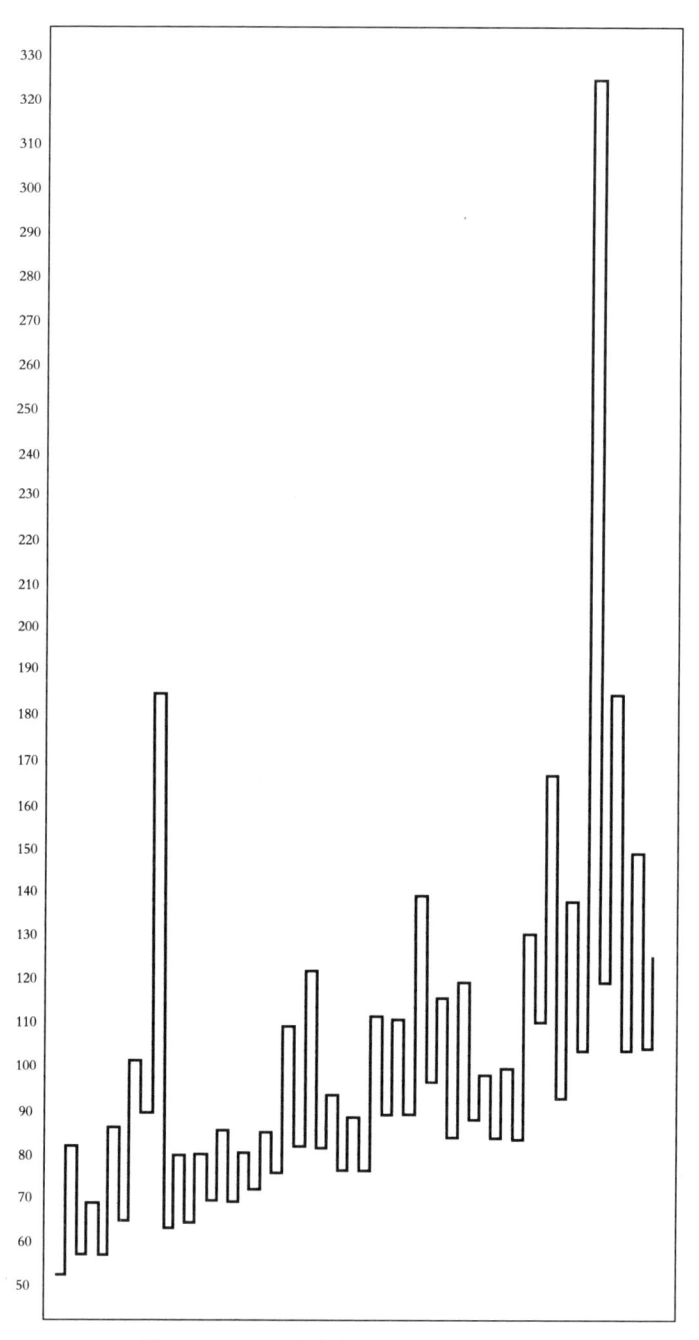

图 15 五月份小麦期货价格波动示意图
（1895—1922 年）
（本书 195 页）

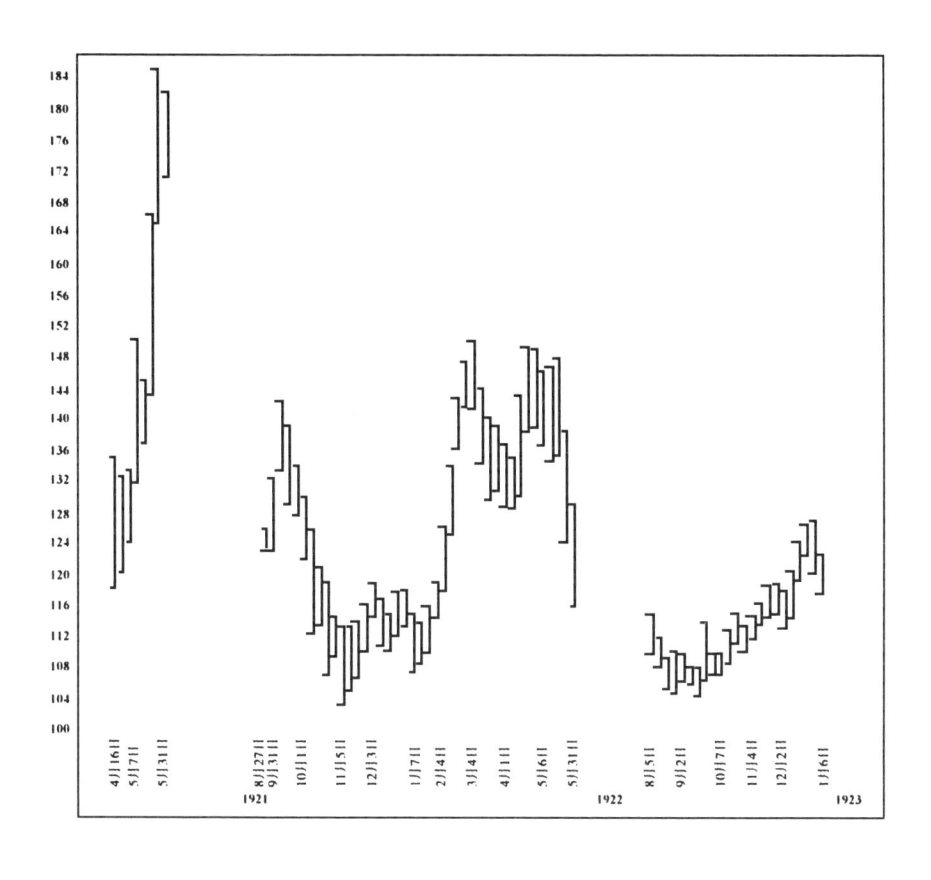

图16 五月份小麦期货每周峰值和谷值

（1921年4月16日—1923年1月6日）

（本书198页）

表1 部分股票下跌点数

股票	1919年顶部（美元）	1920、1921年低位（美元）	下跌点数
美国毛纺（American Woolen）	169.5	55.5	114
美国国际（Am. Intern'l）	132.25	21.25	111
大西洋湾（Atlantic Gulf W. I）	192.25	18	174.5
克鲁赛波钢铁（Crucible Steel）	278.5	49	229.5
通用沥青（General Asphalt）	160	32.5	127.5
凯利泉界（Kelly Springfield）	164	25.5	138.5
墨西哥保险箱（Mexican Pete）	264	84.5	179.5
共和钢铁（Republic Steel）	145	41.125	103.875
斯图特贝克（Studebaker）	151	37.75	113.25
泛大陆石油（Transcontinental Oil）	62.625	5.625	57
美国食品（U. S. Food）	91.375	2.375	88.625
美国橡胶（U. S. Rubber）	143.75	40.5	103.25

第一篇
交易前的准备

没有人能懂得他根本不想知道的东西,即便这东西近在咫尺。一位化学家会把他最宝贵的秘密透露给一位木匠,因为木匠不会聪明到了解这个秘密。但同样的秘密,另外一个化学家即使拿一座庄园来交换这个秘密,这个化学家也不会透露只言片语。

——爱默生

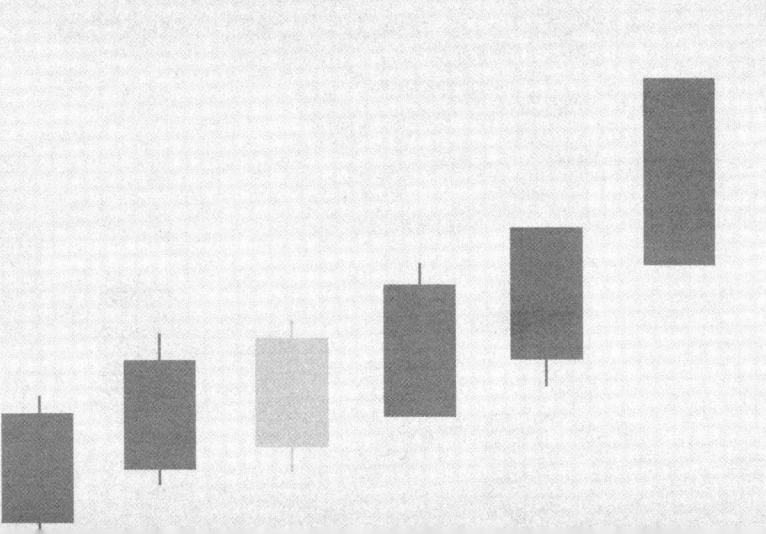

1917年，当美国被迫对德宣战时，充斥在我们耳边的是"美国还没有做好打仗的准备"的声音。威尔逊总统在一段时期内甚至采取了"密切关注"的策略，而不是积极准备迎接这场不可避免的战争，后果是使美国在毫无准备的情况下被迫卷入了这场战争。

一位成功的律师、医生、工程师和专业人士，在开始挣钱之前，都需要花上2~5年的时间来学习，为今后的从业做准备。

有些人在毫无准备的情况下就到华尔街进行投机交易，他们根本没有深入地研究过行情，就涉入自己毫无所知的领域，所以他们终将蒙受损失，这就毫不奇怪了。

那些仅凭猜想、提示、传言、报刊评论，以及所谓的"内幕消息"来进行交易的投机商和投资者，要想获得成功，其机会是渺茫的。如果他们不以科学知识和供求关系为基础，并精心制定计划，就一定会蒙受损失。

20多年的学习和从业经验，使我具备了足够资格向读者提供一套非常实用的规则和忠告，如果你按照这些方法去做，一定能大获成功。

如果一个人不善于学习，也不从以往的教训中汲取经验，从而获得进步，那么他就不会获得成功，也不会获得任何收益。没有付出，当然不可能有回报。要想成功，就需要时间、金钱和知识。

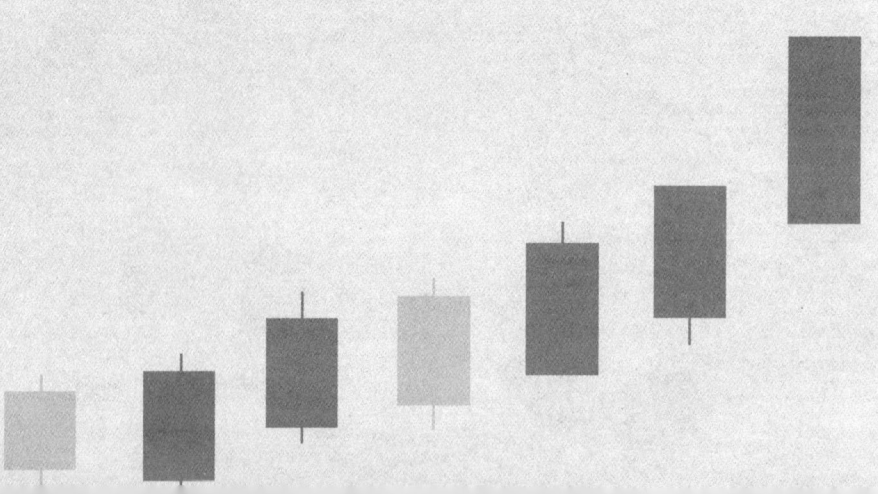

第1章　何谓看盘

看盘就是研究股票在大盘中的震荡情况、判断走强或走弱的是哪些股票，并确定买进或卖出的最佳时机，我们还必须能够判断出哪些股票不活跃，哪些股票走势不太明确。

看盘还是一种心理活动的过程，因为人的心理通常会受到各种感受和外部因素的影响。在看盘的过程中，影响我们的不仅是我们看到的图表或数据，还有我们所感受到的来自外界的东西。这种感觉难以解释、无法言说，它是一种"直觉"。

那么，什么是"直觉"呢？我们经常会听到交易商说："我是在凭直觉买进或卖出这只股票。"我给"直觉"的最好定义就是"瞬间推理"，它指的是在我们有充分的时间对事物进行推理之前，就告诉我们所做的判断是否正确的一种东西。要想通过直觉获利，就要行动迅速，而不是停下来问为什么，这才是行家做法。

股市大盘记录了全国各行业的主要力量趋向，是大多数人意见的浓缩，它也是操盘者、公众和商人们的希望和忧虑等情绪的反映。正因为如此，如果你能够正确解读大盘，那么它就是一个可靠的指南与商情晴雨表。而这也正是困难之所在。如果你能够正确解读大盘，那么就可以了解行情背后的真相。

看大盘需要有坚强的意志，也要有机智的头脑。一旦你看清走势，就不要轻易改变主意，除非大盘显示有改变的迹象；也不要轻易受新闻、谣言或小道消息的影响。能够正确看盘，并根据自己的判断行事，这是与众不同的本事，本书后面还会加以解释。

第2章　你在股市中能否盈利

人们总说："100个人到华尔街，99个人要赔钱"。也就是说，每100个人中只有1个人赚了钱。而我的看法是，你可以在华尔街赚到钱，只要你通过选择几只股票进行保守的投资，就可以做到。

可是具体应该如何做呢？答案就是你必须拥有一定的知识和科学的方法。了解！了解！再了解！你要比其他人或普通交易者了解得更多，要领悟华尔街的那些成功人士是如何赚取财富的，然后复制他们的做法。请记住，"知识就是力量"。

统计数字表明，98%的商人迟早会失败，但为什么还会有那么多的人选择经商呢？因为还有2%的人在生意场上发了财，并守住了他们的财富。

你可以问问自己："华尔街损失的钱都让谁给挣去了？"损失的钱不会无故蒸发，因为有人亏钱就一定有人赚钱。要想赚钱，就要像那些在华尔街赚到钱的人一样行事。记住：有买进就有卖出，反之亦然。

大多数买股票的人最后都亏了钱，这是为什么呢？因为他们总是通过凭空猜测、听信报上的秘闻、虚假提示或所谓内幕消息来进行交易。他们这样不是在进行稳妥的投资，而是进行赌博式的投机，他们喜欢下注获取10~15个点的利润。他们总是在股价接近最高价位时买进，所以蒙受损失也就理所当然了。

公众通常不会进行股票的卖空操作，因此，他们在面对熊市时，总是无所适从。当有人在买进股票时亏了钱但又拒绝卖空，他就总会回头看，抱怨说："如果我当时一买进就卖出，那就好了，那我该赚了多少钱了。"那么，他为什么不学着去卖空呢？在另外一章中，我们将证明，卖空是一种既安全又实用的交易。

至目前，纽约证券交易所共有超过700只股票，如果根据适当的类别进行划分，就可以有20多种不同板块。如果你对某一板块中的所有个股进行研究，并观察他们在大盘中的走势，你就会发现自己根本应付不过来。如果你对同一板块中的所有股票都进行交易，那你也会很难赚到钱，这样做比同时在几个板块中选股进行交易少赚很多钱。

看盘需要耐心，最根本的是要集中精力。没有谁天生就可以同时关注10件事，更不要说700件事了。因此，要想成功，就要精选几只股票进行交易，并密切关注它们的走势。

第3章　如何看懂盘面

公众（特别是纽约市以外的交易者）间普遍流行这种看法，即正确的看盘方式就是站在股票行情自动收录器前，实时监视着每个行情表。这其实大错特错。

专家级的看盘人凤毛麟角，要达到那种水平，恐怕得花上毕生精力。尽管大盘反映的是市场走势，但仍然有许多普通人无法断定的小波动和快速反复。以至普通人很难判断大的趋势是否发生了变化，同样，也很难判断这是否是主趋势恢复前的几个小时、几天或几个星期的短暂反向变化。

如果交易商走进经纪人的办公室看盘，他就会看到在股票行情自动收录器前站着两三个或十几个交易者，他们时不时地交流意见，谈论着他们所了解的关于不同股票的消息。他一定也会听到自动收报机的内幕新闻、大街上的小道消息以及场内传递的关于买家和卖家的各种信息。受这些信息的干扰，100万人中都很难有1个人能够集中精力来判断股票的准确走势。

此外，即使他可以选定一只能够盈利的个股，并打算开始买进或卖出，他也会受到股票行情自动收录器周围那些人的言论的影响。结果就是，他不能在适当的时间做出正确的操作。因此，如果在经纪人办公室里看盘，就不可能在股市中赚大钱。

无论一个人的意志有多强大，他总是会自觉或不自觉地受到周围言论的影响，他的行动因此会受到一定干扰。这也是为什么那些大的交易商（比如利弗莫尔）都会有配备股票行情自动收录器的私人办公室。这样他们就可以排除外界干扰，从而专心看盘，形成自己的观点和判断，并根据这些看法来行动。他们不想听到的消息丝毫影响不到他们的决断。但只有那些怀揣着大捆的钱而且把自己的所有时间都用在分析市场行情和盯盘上的大交易商，才能够拥有自己独自看盘的私人办公室和股票行情自动收录器，一般人则无法负担。

因此，必须知道在无法看到大盘或无法始终关注大盘时如何解读大盘。股市上重要的走势（比如长期震荡），需要几个星期或几个月的时间来准备就绪，或等待完成吸筹和派发。每逢大的行情出现一到两天后，总会有充足的时间来买进和卖出。因此，即使确定要对某些个股做出行动，也不需要每天甚至每小时都盯着大盘看。仅在股市收盘后看盘就行了，其简单容易，效果也很好。大盘只是股票价格的记录，因此，如果你记录下了交易日的股票价格的变化，就可以根据这些记录得出自己的判断。

市场的走势依赖于供求关系。要想操作股票的上扬和下跌，成交量就要配合发生变化。股市上的成交量就好比蒸汽机车的蒸汽、汽车的汽油，成交量是推动股票价格上扬或下跌的动力。

例如，美国钢铁多达 500 万普通股，因此需要大笔的成交量才能推动其上扬或下跌。通用汽车共有5000万普通股,其股票震荡幅度就很窄,因为买进或卖出10万股最多也就把股价拉动1个点。而买进或卖出10万股鲍德温股票,就足以使其股价上浮或下跌5点或10点,因为已公开发行并出售的鲍德温股只有20万股,而其中处在流通中的只有不到10万股。

因此,要想明白成交量的含义,必须知道自己准备交易个股的股本发行总量和流通总量。墨西哥保险箱股在几年时间内的浮动幅度达50～100点,而美国钢铁股的浮动没有超过10点。原因是墨西哥保险箱股的流通股总量很小,而美国钢铁股的流通股总量很大。

还有一点,就是看盘者必须知道所持有个股的财务状况是好还是坏。如果一只股票的财务状况很好,那么要想吓唬投资者和交易商卖出并不容易。同样,如果人们普遍认为一只股票没有什么内在价值的话,要想通过操作市场将股价维持在顶部,是非常困难的。很多被认为拥有隐匿资产的股票(称为"神秘股")经常会大起大落,因为公众是在预期有利好出现或担心有利空出现的情况下,才决定买进和卖出的。

一般而言,一只支付额外股息或分红的股票总是被人议论纷纷。在事情发生前的几个月甚至几年,各种流言就遍布大街小巷了。接下来当好消息出现时,因为已经被预料所以打了折扣,股价非但不会像公众预料的一样上扬反而会下跌。

大盘是所有买进和卖出的刻度,而供求关系是通过股价的涨跌来表现的。供大于求时,股价就会下跌到供求平衡的价位。在供需平衡情况下,股价的波动就很小,要想确定股价下一次如何变化往往需要几个星期或几个月的时间。当供不应求时，股价就会上扬。

因此，那些整天都守在股票行情自动收录器前的人，怎么可能在大的行情出现前就预料到它呢？根本不可能。股票行情自动收录器在行情形成期间，每天都要愚弄人们一两回。在吸筹时大量买进股票需要很长的时间，在股价达到顶部时大量派发股票也需要很长的时间。一天、一个星期或一个月不足以形成大的行情，往往需要几个月甚至一年的时间才能完成吸筹或派发。在此期间，你可以针对你所感兴趣的个股行情绘制一张图，从而在大的行情出现时，你便能比那些整天坐在股票行情自动收录器旁的人作出更准确的判断。

第4章　大盘也会捉弄人

大盘经常会捉弄交易者，大盘上看起来最弱势的股票，往往因为吸筹的发生而变得很强势。而有时，这些股票会不断上涨，变得非常活跃，并显示出最强的势头，实际上它们是最弱势的，因为当每个人都热情高涨地买进时，内行人却正在悄悄出货。

整天盯着大盘的人容易受其希望和失望情绪的影响，这一点他无法控制。假设市场整天都很强势，他所关注的那只股票正在稳步上扬，而到了下午两点半钟时，整个股市突然开始大幅下挫，股市下跌了15分钟，活跃的个股都从顶部下跌了1个点，但股市并没有反弹。到了离股市收盘时间还差5分钟时，那些股票又跌了1个点。由于所持股票数量巨大，他的判断又出现了错误，在收盘时就将股票抛售了。但是第二天股票一开盘就高开了半个点或1个点，这是为什么呢？这是因为，前一天最后半小时的卖出，只不过是一种套利行为。所有忧心忡忡的交易商都在收盘时将股票卖出，而不愿意等到第二天。便导致第二天股票卖单有限，而这种反应并没有干扰或改变大的走势。

一直盯着股票行情自动收录器的人容易犯的最大错误，就是交易过于频繁。他一个交易日内就买进和卖出好几次，每次都要支付佣金。如果每次涨跌都买进或卖出，即使在交易中有收益，相应的损失也会增加。如果一个人一年交易300次，或者每个交易日交易一次，那么平均一次买进和卖出就要损失半个点，这一比例不可能再低。这样他一年里的花费就是半个点乘以300，也就是150个点。吃了那么大的亏怎么还能赚钱呢？假设一个人每个月交易一次，或者一年交易12次，其花费就只有6个点，这与那些频繁交易者150个点的花费形成了鲜明的反差。

交易者容易忽视的另外一个重要的问题是，如果一个人在股市上买进或卖出的次数越多，那么他改变自己判断的次数也就越多。因此，他犯错的几率也就越高。在牛市或熊市中，都有与主流走势相悖的逆势行情，期间也可以赢得很高利润。然而，如果一个人每天进出频繁，那么他要想抓住挣这种钱的机会就很难。在交易之前，他必须耐心等待，直到有了建立在事实基础上的客观事实和充分理由才进行交易。如果他只是根据自己情绪的波动轻易买进或卖出，那么他就会丢失真正赢取利润的机会。一般来说，日内行情很少改变主趋式。

隔夜的买单和卖单

通常，外地的买单会隔夜积累起来，如果买单超过了卖单，股价就会在公众填单前一路上扬30分钟。然后会出现一次回跌，股价可能会下跌得比开盘价还低。股价会在下午两点半场内专业人士决定平仓之前起伏不定，然后，又会根据场内交易人员做多或做空而相应地上涨或下跌半个小时。

记住，场内专业交易人员是不需要交纳佣金的。你买进一只股票，待它上涨半点后卖出，那么在支付税金和佣金后，你既不赢也不亏，但场内的交易者则赚了半个点，因为他们不需要交纳佣金。

星期日的报纸通常会对一周股市加以综述和评论，公众阅读全部相关新闻后，就会在星期一上午发出买单和卖单。如果订单数量巨大，那么他们影响市场的时间就会达到半个小时有时甚至是一个小时。随后，股市就会出现相反走势。

连续一周，特别是后半周持续走强且收盘时依然强势的股市，到了星期一依然可能会强势开盘，并在第一个小时后停止上涨。因此，在星期一早上强势开盘时买进要特别留心。星期日积存下来的公众买单，星期一上午就要进行交易。一旦需求公布，专业人员就会马上卖出，形势和价位就会迫使市场回跌。

即使是行情持续上扬的牛市，你也应该在星期一下午或星期二以较低的价格买进股票，因为公众买进一波后，专业人士就会对股价进行打压。

上述规则在下跌的市场中恰好相反。如果股价在一周之内或一周的后两到三天都持续走弱，而星期六又以低价收盘，那么到了星期一上午，公众就会急切将其卖出，从而使在开始的30分钟到一个小时内股价有所下跌。在压力释放之后，市场便会止跌回稳。因此，在强势反弹的周一卖出或在处于弱势的周一早上买进，都是值得的。你也可以在正常的股市中运用这一规则。

落空的希望

此外，如果一个人在股市上做多或做空赔了钱，他就会本能地希望股市按照他自己的意愿发展。如果某一天早晨他收到催他交保证金的电话，他会对他的经纪人说，他要么在收盘之前交纳保证金，要么卖出他的股票。结果他等了一整天，市场都没有反弹，收盘前的最后一个小时，希望变成了失望，于是他抛售了所有股票，这导致了股市以弱势或接近底部价收盘，因为成百上千的人都在同时做同一件事。

这一规则也适用于在股市上做空的人。在一个交易日中，股票早早就开始上扬，人们便等着股票出现回跌，他们期待调整会在大约中午的时候开始，但实际上并没有出现回跌。到了下午两点，股市开始走强，人们都盼望着股市回调，但上涨行情仍然持续，结果是，快要收盘时，所有做空的人都吓坏了，并全部买进。当然，股市以高价收盘并处于弱势状态。第二天，股市就开始回跌了。

一个交易员要想成功，他必须研究人性，并朝着公众操作相反的方向逆势而为。股票下跌的第一天，没有人会紧张担心，因为他们认为那不过是一个自然回调。股市经常会在星期三下跌，到了星期四，跌势依然继续，交易商开始严阵以待，加倍警惕，打算等股价再次反弹就抛出。到了星期五，反弹依然没有出现，股价走势反而变弱了。这是为什么呢？因为股价下跌的第一天或第二天，人们没有卖出，而是到第三天才开始抛售，到了星期六，所有人都吓坏了，并急忙在星期日来临之前抛售股票。结果股价在最后一个小时内快速下跌，并以接近底部价收盘。而聪明的交易商或看盘手深谙内情，在弱势显示的第一天就抢在大家之前把股票抛售了。

这一规则对长达几星期或几个月的下跌和上涨同样适用。股市上一种走势维持的时间越长，那么在最后阶段买进或卖出的数额就越大。因为当股市上扬或下跌时，人们的期望心理和担心心理也就越大，而进行股票交易的大多数人，就是受这种期望和担忧心理的影响，而不是靠合理判断进行交易。

股票能够贴现未来事件

股票市场是晴雨表，它能准确及时地显示宏观经济情况。股价几乎提早半年或一年就预示了经济情况的改变。首先是债券价格上涨，接着是股票价格上涨，然后是经济的繁荣。同样的道理经济下滑时情况也一样。在经济繁荣时，股票会下跌，并保持6~8个月的时间，这是因为股票在贴现未来的经济萧条。

股市的价格变动，即主要的波动，一般是在公众了解之前就已经存在很久的诸多因素所造成的结果或所产生的影响。在许多情况下，消息在普遍传播之前就已经被贴现了。而在人们普遍知道这一消息之后，它几乎不会对股市造成多大影响。无论人们期望的是好消息还是坏消息，它们对股市的影响几乎是等同的。

例如，一只股票的季报或年报或许极好或许极差，但公布出来后股市并没有因此上涨或下跌，因为这对于业内人士来说早已经不是什么新闻了。他们在一个月甚至是两个月之前或许早就知道这一消息了。因此，当公众获得这一消息并打算行动时，那已经太晚了，那些"知道内幕"的业内人士早已贴现了这一消息。

如果突然爆出利空消息，人们普遍在抛售股票，那么就有理由确信股市将下跌，公众在做多股票而知情人士却在抛售股票。如果利好消息出现而股票开始下滑，这就说明该利好消息已经被贴现。你的股市行情变化图会告诉你股市是处在派发期还是处在吸筹期。

出乎意料的突发消息

有时候，世上会不可意料地发生一些不可预见的突发事件。例如，1906年的旧金山大地震对股票市场来说是不可预测突然发生的事情，它给人们带来了巨大经济损失。地震过后，股市开始狂跌，并持续下滑好几周，直到贴现了这场灾难所造成的全部损失。这种消息出现时，股市根本没有时间做出准备，事件造成的重创和影响一定是在事件发生后才被人们感觉到。

1917年2月3日，德国在毫无预警的情况下突然对美国宣布进行潜艇战，当时股市并没有完全贴现这一事件，因为无论公众还是业内人士都没有预料到这种事情竟然会发生。消息一经传出，所有人都知道美国对德的战争已经开始了。因此，这就成了一条未完全贴现而股市必须对其加以估量的利空消息。结果，股票全部以5点到20点低开，好在支撑股市的订单已经下单，空头买进也提供了足够的支撑，才得以在交易开始一个小时内阻止了下跌的势头。

当这种行情出现且股市大幅高开或低开时，最好把做多的股票卖出或是空头平仓，然后予以观望，因为这种做法同大的交易商的做法几乎没有差别。在2月3日这天，如果看到股市因卖盘过重而低开，并在观察半小时后发现股价并没有比开盘时下跌很多，那就表明股价在开盘时已经获得了支撑并且会出现反弹回升行情。如果你正在做空头交易，最正确的做法应该是暂时平仓，然后观望股票在当天或随后一天的反弹情况。如果反弹幅度很小且股票很快又开始下跌，并突破利空消息出现那天的各个低位，说明股价还要继续下跌。

大　选

如果你回顾一下总统大选年，研究一下大选年的早期、中期和后期的股市行情的变化图，你就会发现这样做很有用。大多数情况下，这一事件无论被人们看做是利好消息还是利空消息，都已经提前贴现了。

几乎每逢选举年，市场总会在某一时刻出现恐慌并严重下跌。公众的情绪变得很复杂。如果人们在判断民主党人会赢得大选，那么股市就开始贴现这一消息，然而，无论是民主党人当选总统还是共和党人当选总统并没有什么差别。如果股票已经派发到公众手中，在共和党执政期间也会下跌。无论是共和党人还是民主党人入主白宫都会使部分民众产生恐慌，这取决于股价是处于什么水平、全国的形势如何。大盘都会将这些全部记录下来，而你的股市行情变化图也会有所显示，如果没有显示，那你就继续等待，直到出现明显的信号。

在1896年的7~8月期间，股票狂跌，即所谓的"白银恐慌"，整个国家都处在恐慌之中。人们都认为威廉·J.布莱恩会当选总统，他们的白银梦就会成为现实，投资者和交易商不计血本地疯狂抛售他们的股票，到了8月8日这天，工业股和铁路股的平均价格跌到了有史以来的最低点。

1912年，威尔逊第一次当选总统时，股市在大选前的9月和10月就开始上涨了，因为共和党人认为民主党人不会赢得大选。因此，他们没有制造出足以刺激公众大量抛售股票的恐慌。威尔逊的当选对于那些担心"民主党人士"会把国家毁掉的投资者来说确实出乎意料，然后人们开始大量抛售股票以贴现民主党执政这一事件。1914年战争爆发，人们的担心成为了现实，情况变得比原来更糟。然而，即使是共和党人上台，当时的股票还会下跌，因为其真正的原因是股价过高，股票已经从强势股东手中流入弱势股东手中，而且全国的普遍形势不足以在大选时保持原有的价值水平。

大选之后

当有重要选举时，无论是总统大选还是其他的什么选举，该选举对股市的影响都会被其充分贴现。但是，如果全国的普通公众都认为这是利好的消息，他们自然就会在选举过后的下一天发出买单。股市会一直上扬，直到这种需求得到满足。选举过后再等两天或三天还是值得的，可以看看选举过后股市是否继续保持选举前的发展方向。威尔逊当选总统的第一天，股市走势很强，公众的买单刚刚成交，股市就开始下跌。在选举过后的反弹顶部买入一定要小心。同样，如果选举过后的两天或三天股市开盘就一路低走并下跌，那卖出同样要谨慎。因为这可能是公众因为恐慌而卖出，而业内人士可能会支撑股市，引起新一轮的上涨。

第5章　股票是如何出售到公众手中的

当新公司刚成立时，需要资金，因此就必须把股票出售给公众。出售的方法和普通商家出售货物并没有什么区别。聪明的商家会为他们的商品实施广告推广，而股票的广告费用则由发行商负责。当发行商想把股票派发给公众时，他们就会想尽一切办法地在报纸上做广告，尽可能地向公众宣传股票的有利波动，想尽一切办法来获得公众的注意。

要想诱使公众参与其中，股价就必须有大幅度的波动性和活跃性。如果一只售价为40美元左右的股票在三个月或四个月内只是上下波动了5点或6点，那么公众就会很少注意到它，更不会认为它会给自己带来利润。但如果这只股票的价格涨到了150美元，并且每天都上下浮动5~10个点的话，所有的人就会都谈论这只股票。他们就会看到了赚大钱的好时机，于是就开始对这只股票进行交易。结果就是，公众在大力宣传和广告的影响下在很高的价位买进所有股票，随后股价就开始下跌。人们待价而沽，也就不想太多地谈论这只股票了，直到这只股票接近底部，通常在当所有利空都全部出尽时，大家又开始谈论这只股票了。

希望是思想之母

当你读到某一个人发表的意见时，不管他是报社的记者、银行的总裁或是企业的老板，都应当认真考虑一下，尤其要想到，当他鼓吹形势一片大好时，一定是有要出售给公众的东西，他不可能披露对自己的企业不利的信息。

多年以前，华尔街有位B先生，他收集了大量的散布信息，有时也给报社写文章，因此很有名。他经常走访于各个经纪公司之间，交易商们因此都急切地想知道他的想法。他们经常问道："B先生，你觉得太平洋联盟这只股票怎么样啊？"他总是会回答："我觉得这只股票会上扬，不管如何，我希望它上扬，因为我也买进了很多。"看，这就是他认为这只股票会上涨的原因所在：因为他对这只股票进行投资，所以当然会希望它上扬，他当然不会跟其他人说这只股票会下跌。如果他这么做，那就可能引发一阵抛售狂潮，造成的严重后果就会损害到他自己的利益。

过分乐观

如果你长年都在仔细研读报纸，或者如果你回头查看一下记录，你就会发现，那些身为大集团老板的商界杰出人士总是表现得很乐观，即使在大家都慌乱成一团时。萧条持续了 5 年，股票狂跌了 25 个点甚至 100 多个点，但这些人还是表现得很乐观。你相信他们因为判断错误，才对眼前的走势熟视无睹？当然不是，他们有商品要出售，因此必须在公众面前表现得轻松自然，从而很好地隐瞒他们的想法，发言时当然尽可能地维护自己的利益。

我不记得美国钢铁公司的官员们什么时候消沉悲观过，可他们的股票已经好几次没能支付股息了，一直处于严重低迷的势态。就这些记录而言，该公司的主管们没有事先预料到。

乐观向上是件好事，但在生意场上或股市上，只有真相才能对你有所帮助和有所保护，而不是不切实际的期望和没有保障的乐观。恐慌出现时，期望本身不能阻止别人向你追讨保证金。避免出现这种令人不快情况的唯一方法，就是在股市上顺势而不是逆势地行动。

一般来说，报纸不会刊发悲观的言论。在 1920 年和 1921 年，我对普遍商业情况进行预测时，依据的是真相和科学事实。我当时预测 1920 年和 1921 年会出现严重的萧条，但当时大多数报纸都拒绝刊登我的这一预测。后来，我的这一预测准确地兑现了。

预先得到警报就能提前做好准备。萧条即将到来时，最好的做法当然是提前告诉公众，让他们有所准备，而不是等到危机到来后才告诉他们（报纸通常都这么做），到那时麻烦就大了。所有影响都是由某种原因产生的结果，而在公众看到这种影响之前这种原因早已存在了。正确的做法是一旦判断出这种原因就马上做出反应，因为如果等到人们能看到这种影响时，他们在股市上的损失就已经不可避免了。

第一篇
交易前的准备

盲从的交易者

华尔街工作20年，亲眼目睹交易员的各种行径后，你就会相信人类起源于猿猴这种说法了。因为普通交易者只是简单地模仿某个头面人物的做法进行交易，不停地重复着他听到大人物所说过的话，并且自欺欺人地用这些话给自己打气或试图缓解恐惧。

已故摩根先生曾经说过："对国家持悲观情绪的人容易破产。"我经常听到交易员在经纪人办公室里大谈利好和买进。当一位保守的人士警告人们牛市有时会赚钱，熊市有时候也能赚钱，而唯有贪婪的人不会赚到钱时，就会有人说："不要做空头交易。对国家持悲观情绪的人将会破产。"作为一名商人，摩根先生的言论应当备受推崇，但当他说那句话时，他指的根本不是股市。如果他要谈论股市的话，他就会这么说："在每几年就出现一次的股市波峰时，做多的人一定会破产；而在股市处于波谷时做空也一定会破产。"

哪怕是初步涉市的懂点"常识"的交易员，如果他们善于思考，而不是简单模仿别人和生搬硬套报纸上的言论，且能够分析人们在股市处于顶部时发表乐观言论，以及人们在股市处于波谷时发表悲观言论的原因或动机，他们也可以成功地赚到很多的钱。要想在股市上获得成功，就要善于亲自研究和思考问题。无论是牛市还是熊市，也不管你相信谁的观点，只要你能根据自己对图表的研究加以验证，你的收获就会不少。因为这些图表显示了大盘的实际情况以及大多数人的观点，而不是一个人或一群人的观点（无论他们有多强大)。

标准石油股票可能大幅上涨,有关它的言论也非常乐观。他们很坦诚也很负责,并通过买进标准石油股票来支撑他们的观点。但大盘显示的是所有美国人买进和卖出的情况。如果供求关系显示供给大于需求,那么这只股票将继续下跌,直到需求超过了供给。

时机的信号

《圣经》上说:"万物皆应时。"大自然的所有法则也印证了这一点。播种和收割都各有时机,一年划分为四季,就是告诉我们什么时候是收割时机,什么时候是播种时机,我们不能违背自然的法则。人们不会想到在格陵兰的冰山上种植柑橘,也不会到佛罗里达热带地区的河流里取冰块,因为那样做,季节、时间和地点都不对,这个道理同样适合用于股市。在股市中,有买入的时机也有卖出的时机。当时机来临时,不管是卖空的一方还是做多的一方,也不管其是夸夸其谈、满怀希望、极度乐观,还是极度悲观、沮丧万分抑或是到处散布利空言论,都无法使股价反常地高于或低于供求所决定的价格范围。你只能顺势而行,而不能逆势而为。如果时机来临了,你一定要能辨别出来,并紧紧抓住它,千万不能追赶大潮退去的回头浪。那些犹豫不决、在行情最后阶段才买进或卖出的人注定要输得一塌糊涂。

第6章　克服人性的弱点

人贵在有自知之明！人最大的成功就在于拥有对自己清晰的认识。对大多数人来说，经验是最好的老师。因此，比较于分析自身的成功经验，我们要更仔细地分析自身错误的原因。无论是商业上的成功还是股市上的成功，都不是一夜之间就达成的。

　　高山仰止伟人业，①

　　不是一步就登天；

　　同伴酣入梦乡时，

　　他们深夜苦登攀。

快速发展必然导致快速的衰落，在股市上撞大运而一夜暴富的人往往难以守住到手的财富。正如俗话所说："来得容易去得也快。"只有那些经过多年的打拼，不断地从自己的错误中吸取教训并纠正自己弱点的人，才能获得成功并守住财富。

要想在投资中获得成功，就必须能掌控自己。你会发现自己天生倾向于做多或做空，也就是说，你要么总是希望股票的上涨超过

---

① 该诗为美国诗人朗费罗所作的《高度》。

预期，要么总是想着股票还要进一步下跌。因此，在交易中，你必须针对自己的弱点打个折扣，因为你所做的判断大都来自于你的弱点或偏好。要学会在常规状况下看待事物，无论是利空还是利好都不要丝毫扩大实际情况。

有些人会发现自己过分果敢，过分看好未来，因此他们常常不切实际地过度交易。而其他人则发现自己过于胆小，在时机到了时也不敢果断地足量买进或卖出。这些弱点必须克服，你必须学会交易。这样，在走进股市时才不会抱过多希望或过分恐惧。一定要经过充分准备，深刻了解行情后才进入股市，并确定是在正确的基础上实施买进和卖出操作的。你必须记住，你可能会犯错误。防止自己犯错的方法就是给自己下一个止损单。这样你就不会不切实际地希望形势按照自己的愿望发展，或提心吊胆地害怕形势朝着对自己不利的方面发展了。因为你明白，损失是有限的。而就算有损失，也可以通过以后做一笔必定会赚钱的交易补回来。

第7章 投资者必备的基本素质

耐 心

耐心是一种优秀的品质，特别是在股市中，所以应当尽可能培养这一优点。你应该有足够的耐心等待好时机的到来，不要过分着急而过早涉入。一旦你买进或卖出一只股票，且其一开始就对你有利，你就应该抱有足够的耐心，一直等到有好的理由或充足的原因才进行交割。绝对不要一有利可图就马上进行交割。不要失去耐心，轻率地出局。每一次行动，不管是刚开始的涉入还是进行交割，一定要有合理的理由为依据。既不要过分乐观也不要过分悲观，因为担心股票下跌而将其卖出是愚蠢的。同样，因为期望股票上扬而买进也是无用的。看看你的行情走势图，从而得知具体走势的情况。如果走势尚未确定，就应该耐心继续等待。

意　志

要想在股市中获利并成功，意志和耐心是必不可少的，意志和耐心一样重要，实际上，意志等同于资本。在获得经验的过程中，我有40多次身无分文，就是说，我把自己的积蓄赔个精光，但我从未失去意志。多年以前，当我在初步试验和研究预测股市的方法时，常常在错误的时刻入市，造成的后果就是输掉了我所有的流动资金。虽然如此，我从未因此灰心丧气或怨天尤人。我仔细认真地检讨自己的错误，分析损失的原因。通过这种方式，我从每一次失败和损失中获得收益，从而完善我的预测股市和交易的方法，最终大获成功。

往后看只会给你带来无尽的遗憾，我一直认为要对未来抱有意志和希望，但这种意志和希望是建立在一些原则以避免重犯过去代价沉重的错误这一基础上。在我的职业生涯中，我看到过许多交易员连续地犯错误，蒙受了巨大的损失，但他们仍然有资金进行运作。然而在机会出现时，他们却没有意志力采取行动。在这种情况下，意志是最重要的因素。

知　识

在我早期的职业生涯中，还算获得了一些成功，不过那都是靠运气取得的。在我轻松地赚了很多钱后，又轻易地将它们花了个精光或赔进了股市。尽管如此，我仍然没有放弃或丢失我的意志。我始终认为，在每次的挫折后我都大有长进，因为我的经验比以前更丰富了。

经验是最好的老师，只有手指被烧伤过的孩子才知道火烧手时有多疼。有时错误是不可避免的，但犯了错误不要紧，错误对我们来说是好事，因为如果我们从错误中获得益处，错误就是有价值的。但相同的错误如果再次犯那就不对了。因此，要把每次错误当成进步的阶梯，仔细分析你所犯的每一个错误以及蒙受损失的原因，这样才能避免在将来重新犯相同的错误。

每次经验无论是好的还是坏的，都使我的知识更丰富。毕竟，知识才是最大的力量，因为资本总要依附于知识。几年前，一项经纪业务在意想不到的情况下突然失败了，我损失了很多钱，按照一般人的标准，我当时算是破产了。然而，正如我的一个朋友当时所说："他可能没有钱，但他有关于股市的知识就值数十万美元。在短期内，他就可以把那些知识转换成财富。"事实上，我确实是在短短的几个月内又用很少的一笔资金把钱赚了回来，因为我比以前拥有了更丰富的股市领域方面的知识。我的方法都是建立在精确的数学之上，以此来预测股市。当用数学证明我是正确时，我就敢于逐步加仓并打压股市价格。如果我没有知识而仅仅是空有热情，那结果会是怎样呢？我就会依然处在破产的困境中，就像华尔街那些盲目相信虚无缥缈的"希望"的交易员一样。

健康和休息

无论从事哪一个领域的工作,健康都是成功的最重要的基本条件。在投机市场上,健康是赖以成功的巨大财富之一。一个人一年当中应该至少有两次暂时停止交易,彻底抛开股市外出度假或休养一段时间。让你的头脑休息一下,你的判断将更加准确。一个人如果长时间地忙于工作,而不关注休息,那他的判断就会出现偏差,就会形成思维定式,总是片面地看待事物。

不管在股市中做多还是做空,都会出于本能希望股市的走势与自己设想的一样,因此也更强调股市上那些似乎暗示着按照你的愿望发展的有利事情。从远离股市的角度来分析,你就能正确地判断事物,能从不带任何偏差的角度来判断市场,既不期望也不恐惧。那些日复一日整天都在股市工作的人,总有一天会输掉他们所有的血汗钱。

我曾经遇到过一个交易员,他能科学地预测市场,并取得了巨大的成功。他在一年中交易的次数从不超过5次或6次。如果他在冬天或早春买入股票,等待股票的上涨,而股票确实按照他的期望上涨了,那他就会卖出套利。然后,他会暂时离开股市,有时候甚至长达几个月。到了夏天,如果出现牛市或熊市的迹象,那他就会再次入市。如果股市走势确实与他的期望相吻合,他就会跟踪并低吸高抛长达几个月。当他发现这一轮行情即将结束的苗头时,他就会交割,兑现所有利润,然后像大雁一样飞到阳光灿烂的南方。有时候，他会在佛罗里达待上整个冬天，在那里打猎或钓鱼，然后到阿肯色州泡泡温泉，洗个温泉澡。等他返回华尔街时，身体健壮，精神状态良好，又可以全身心地投入到新一轮的牛市和熊市行情的分析中了。

他总是对自己心爱的股票采取特殊的交易方式。他会对这些股票进行深入研究，并密切关注那些他认为绝对可靠的信号。当这些信号一出现时，他就会马上采取行动。时机来临之前，他从不急于求成，而一旦时机降临，他就会毫不犹豫地买进或卖出。他总是很冷静和镇定，耐心等待开始或结束交易的时机。

还有一件事是他从不会做的，那就是预先预测利润的多少或估出特定的时机。我曾经看到他做了一手应该算是不成功的交易，那时他就会离开，说："我想我应该回办公室观察一会儿了。"有时候，他会等上几天或几个星期后才进行另外一笔交易，然而一旦他开始交易，就一定是建立在合理的理由之上，而且有90%的把握在这第二笔交易中赚钱。试想，如果他在做第一笔交易时就想着交易会按照自己的想法发展，他的判断就会出现偏差，事情就会向糟糕的方向发展。这时候，最好的做法就是离开股市，以便从公正的角度来审视它。如果股市没有出现预先所确定的走势，就干脆静观其变，只要有耐心就会有好收获。

第二篇
如何进行交易

最伟大的成功在开始的时候也只是一个梦想。橡子可以长成参天大树,鸟儿在孵化之前也只是一枚卵。在最高层面上,人的灵魂也是刚刚苏醒的天使,现实的成功的最初来源也只是一个梦想。

——詹姆斯·艾伦

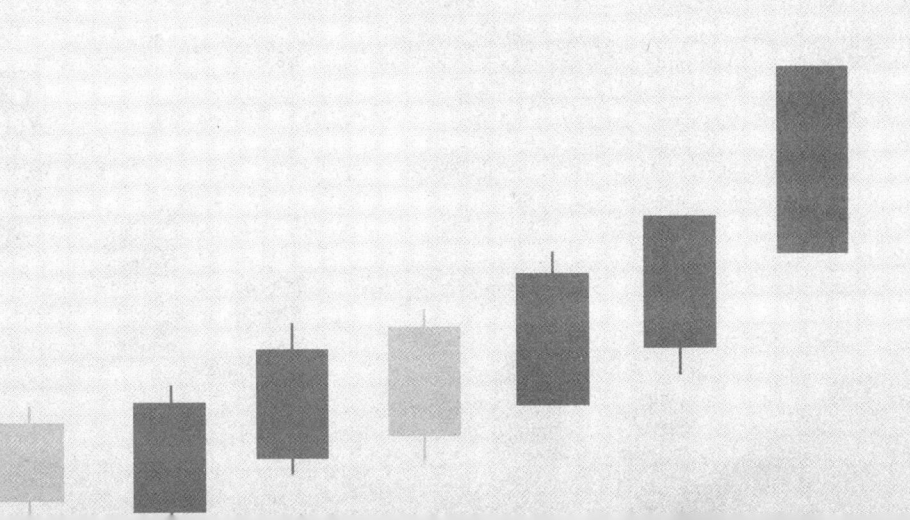

如果你想交易股票，那么一开始就一定要精心制定一个计划，然后按照计划去行事，就像建筑师设计房子、工程师建造桥梁或挖掘隧道一样。

如果一个人轻易地修改先前根据实际情况制定的策略或计划，仅仅是出于对市场的期望或恐惧心理，那么他很难取得成功。

千万不要乱加猜测或听信什么秘诀，泄露好消息的内幕人士极为少见。每一手交易都要有理由，不能凭着希望而盲目地进行交易。如果希望成为你持有股票的唯一原因或理由，那你应该尽快卖出，避免造成损失。情况时刻都在变化，你应该学会随着形势的变化而改变想法。

首先要清楚一条规则就是实用原则，是否建立在合理的推理之上，看看以往的记录，判断出这条规则可以使用。我积累的各条规则中最有价值的部分和现在讲述的理论都已经得到了印证。没有必要因为是我说的就信以为真，你应该仔细查看以往的记录并很好地分析当时的事实，才能获得正确的答案。

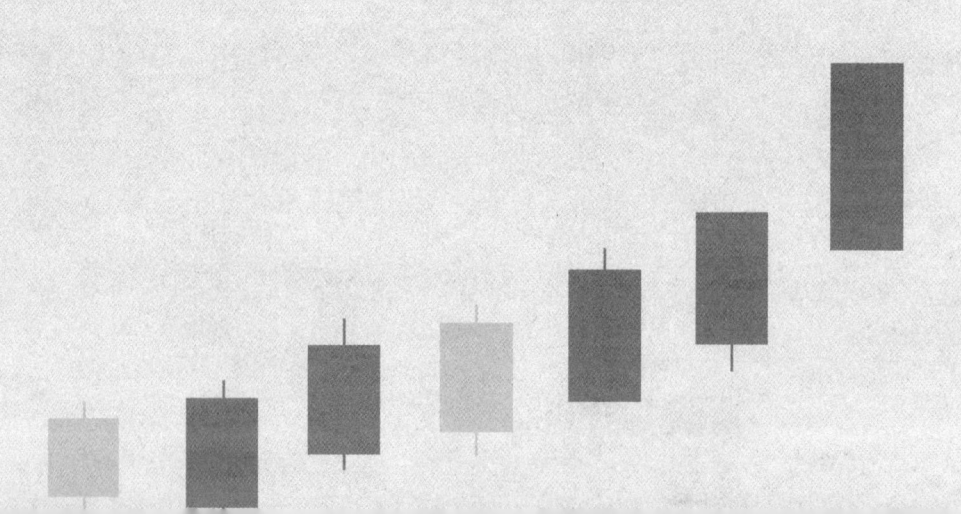

第8章　成功交易的12大规则

如果你不遵循规则，就不要开始投机或投资，否则你注定要失败。

你应该学会要么严格地遵循规则，要么什么都不要做。

应仔细研究以下各条规则并将它们充分地应用在股市交易中。

第一条规则：所需资本量

如果你无法得知一辆汽车行驶一定距离需要耗费多少汽油，那么就不要开车到几百公里外的地方去。然而，做交易时，人们却不知道一些重要的事情：比如其中之一就是取得成功且使投机成为一种生意所需资本的数量。

不要想在几个月或一年内就可以大发横财。如果一个人能在10年或20年中赚得一笔相当数量的钱，他自然就应该感到满足了。通常一个足智多谋的人要靠一笔资金发财需要一年的时间。我可以利用连续投资在很短的时间内累积一大笔的钱，但是要我持续做到这样，我是没把握的。我教给你的是安全稳妥的方法，只要保守经营而不要下大赌注进行投资，你就可以比世界上任何一笔生意赚的钱还多。

一个人可能在做一笔生意时赔了所有的钱，然而几年后，他可能又有机会在同一行业内或其他行业赚一大笔钱。在投资市场上，需要一个人能充分研究行情并能在机会出现时抓住它们，这样的机会有很多，几乎年年都会出现。在华尔街，获利的机会常在，以至于普通人都会变得很贪婪，总会在每次真正机会到来之前就迫不及待地进行豪赌。

相对于其他生意，人们都期望股市上的投机可以使他们获得更大的财富。如果一个人做其他生意每年获利25%就满足了，那么在华尔街，即使每个月资本翻倍，也不会感到满足。许多人能从储蓄银行里得到4%的利息就满足了，但是在华尔街，投入1000美元，他们都会希望在两个星期或三个星期后再赚上1000美元。这种人买进时就看好了10个点的利润，但总是事与愿违。

在投机市场上，不要不切实际地渴望发生一些不可能发生的事情。在一波大行情的顶部或底部入市，连续投资并赚了一大笔钱，这样的大好时机几年才有一次。股价处在最高价位或最低价位的情况每年才有两次或三次，在这种情况下有很好的机会赚取10～40点的利润。

你也许会觉得平均每天赚半个点或平均一个星期赚3个点的利润太小，根本不值得一提。但如果这种情况持续52个星期的话，你就可以赚到156个点，即使只买10股一年内也可以赚到1560美元。要把投资当作一种生意，而不是一种赌博。一开始就要有耐心做下去，不要倾尽全力赌上几笔，亏损后就仓皇退出。要有耐心，如果你在第一年就把1000美元翻了一倍，并且连续十年都能够如此翻倍，那么你就是百万富翁了。

那些活跃的领头股每年都会有三四次出现10～40点的大行情，如果你能够在保守的交易中抓住半数这样的大行情，那你赚取的财富就非常可观了。不要去想能抓住所有小规模的股价变动，即使是业内的操盘者都不能抓住这些小幅波动的1/10，而你就更不用说了。

在开始入市进行交易时，最重要的是要知道所需资本的数量。许多交易员犯的错误就在于他们认为大约10个点的资金余量就足够了，这种错误就太大了。一开始就以10个点的资金余量来交易，那就是在赌博而不是在进行安全的生意。刚开始交易时要像做其他生意一样使用资本，只有避免激进才能长久地做下去。

如果要做每股高达100美元甚至更高的股票，每交易100股就要有5000美元的资金余量；交易每股售价高于50美元的股票，要有2500美元的资金余量；交易每股售价25美元左右的股票，就要有1500美元的资金余量；交易每股售价10～15美元的股票，也要有1000美元的资金余量。这些资金不是用来防备股票朝着于你不利的方向出现10～30个点的变化的，而是用来进行大宗交易并准备支付发生小额亏损的。你应该在每次交易时都把你的损失限制在大约3个点左右，千万不能超过5个点。

如果开始交易时你的手头只有300美元，当买卖股票时就应该下一张3个点的止损单。这样，你就可以用这点资金进行10次交易。假设你做了 5 次保守的交易，都赔了，资金就损失了一半，但如果下次交易时你做对了，并且赚了 15 个点的利润，亏损就补回来了。或者，你做了 3 次，每次都有 5 个点的利润，那么先前 5 次，每次 3 个点的损失也就抹平了。

第二条规则：限制自己的风险

坚强的意志和充足的资金两者同样重要，都是进行交易所应当遵守的基本条件。如果你没有坚定的意志力和决心通过止损单来保护每一次交易，那就不要进行交易，否则你一定会赔个精光。

我经常听到交易员说："如果我在某一点下了止损单，那股市就一定会走到这一点。"可是他们后来就发现，如果止损单发挥作用，那对他们来说是天大的好事。如果错了，就赶快跳出来，错了还拒绝退出的人最终会输个精光，直到保证金的管理员将其清盘。

很多人不了解交易时下止损单的时机和方式。止损单就是给经纪人的一张在股票到达所设定价位时执行交易的订单。例如：

假定你以 106 美元的单价买进 100 股美国钢铁股票，你认为这次交易的风险不能超过 2 个点，也就是说，如果其下跌到 104 美元，你就卖出。你不需要待在经纪人的办公室里盯着股票行情自动收录器，并等到美国钢铁股票降到 104 美元再告诉经纪人卖掉 100 股美国钢铁股票。如果你想买进股票，只需给经纪人一张订单，上面写上："在跌至 104 美元时卖出 100 股美国钢铁股票止损。G.T.C"即可。"G.T.C"指的是"未经取消即有效"。现在，假定美国钢铁股票跌到了 104 美元，一旦跌到这个价位，经纪人就会在市场上卖出 100 股美国钢铁，他卖出的价位也许是 104 美元，也许是 103.875 美元或 103.75 美元。你知道股票达到这个价位时，股票就会被卖出。经纪人不能严格保证按照止损单上所限定的价格卖出，但他的确是在止损单上的价格出现后就以最好的价钱卖出的。

假设你在美国钢铁股票处于 106 美元的价位时进行卖空而不是买入，如果要想避免蒙受损失的后果，那么你就应该给经纪人一张在 108 美元时买进 100 股"未经取消即有效"的止损单，如果股票达到这一价位，经纪人就会买进这只股票。

如果没有达到这一止损点，但股市朝着有利的方向发展了，就必须在套利交割时取消止损单。当然，你也可以提交有效期为一天、一个星期或任何一段特定时间的止损单，但最好是"未经取消即有效"的止损单，这样你就可以高枕无忧了。

第三条规则：过度交易是最大的敌人

在华尔街，过度交易造成的损失比其他任何原因造成的损失要多得多。一般人并不知道取得成功需要多少资金，他们总是过度地买进或卖出，因此他们被迫在资金亏损完时清盘，从而导致了错失获利机会的后果。你应该在交易前而不是交易后判断自己所能够承担损失的额度。

坚持小量，保守操作，特别是行情长期处于底部或顶部时，更不能过度交易。损失往往是在想要获取一波行情最后的 3 到 5 个点时造成的。在行情处于顶部或底部时，不要过分自信，要保持冷静。仔细研究你的股市行情变化图，避免判断受到希望或恐惧情绪的影响。

许多交易员一开始就以10股进行交易并获得了成功，因为他们是在股票接近于顶部或底部时就开始交易的。随后，当股市达到极点时，他们就开始买进多达100股的股票，结果就是把利润和本金全部赔了进去，因为他们没有遵守曾经帮助他们获得成功的保守性原则。

如果一笔交易在一开始就没有朝着有利于你的方向发展，那就证明你的判断有误。可为什么还要用那么多的买进或卖出来摊薄亏损呢？如果方方面面的形势每时每刻都在恶化，那为什么还要拼尽全力使之进一步恶化呢？趁着为时不晚，迅速止损亡羊补牢。每个交易员都应该记住，在所有方法中，最糟糕的方法就是过度交易，其次是不下止损单，第三个致命的错误就是摊薄亏损。只要不犯这三种错误，你就会取得成功，并把损失降到最低点，增加利润。在股市朝着有利于你的方向发展时连续买进或者增加买进或卖出的数量。

记住，狂热、活跃的股市是由狂热的炒作造成，这种股市表现会强化想象、夸大期望，并使当事人不能理性地合乎逻辑地对行情进行分析推理。因此，在极端的股市行情中有必要保持冷静的头脑。记住，天下没有不散的宴席，以60英里的时速运行的列车一旦脱轨，造成的破坏远比以5英里的时速运行的火车大得多。所以，在股市处于疯狂、失控的时刻，就要趁着股灾尚未酿成时抽身而出，因为一旦出现崩盘，那时想成功出逃也就不太可能了。当所有人都卖出而没有人买进的时候，利润很快就会变成亏损。

从1919年的那次大牛市中可以非常清楚地了解，大家都在疯狂地做多而看不到上涨至最高点时会出现什么情况。那次牛市出现了人人都看涨、人人都买进、没有人敢做空头的局面，成为了有史以来最高涨的股市之一。结果怎么样呢？11月初"泡沫破裂"，衰退开始，有些股票在两个星期内就下跌了50~60个点，那一年股市在整个上升过程中产生的所有利润在10天之内就化为了泡影。跌势开始之后想要等待触底反弹时就退出的人，根本就没有时机进行亡羊补牢了。因为大家都想退出，股价越低，被迫抛售的人就越多。结果，股价进一步下跌，股市也陷入低迷。

第四条规则：永远不要让赢利变成损失

与过度交易相类似，很多人破产都因为违背了这条原则。当你买入或卖出一只股票时，只获利3~4个点，又有什么理由把更多的资金投入到这样一只股票中呢？下一张止损单，在盈亏平衡或情况好转时就退出，这样你就可以稳赚不赔了。如果交易继续朝着有利于你的方向发展，你还可以用止损单来继续跟进。

人们经常会买进或卖出具有良好利润表现的股票，但人们都很"贪婪"，总希望赚更多的钱，所以就一直满怀希望地持仓观望，结果最后利润都变成了亏损。这种亏损是非常糟糕的事情，如此行事的人最后不会获得成功。你需要时刻注意行情，并始终想方设法保住资本。

第五条规则：不要逆势而为

要想挣大钱，就要先判断走势，然后跟进。如果处在熊市，长期趋势下跌，最安全的做法就是等待股市反弹时做空而不是做多。如果处在一个大熊市，股票暴跌了50~200个点，一路下来，你可能会错失几次触底的机会，直到最后把钱都赔个精光。

这一规则在牛市时也同样适用。在一路上涨的股市中始终都不应该做空，等待反转下跌再行买进总比试图等到顶部时做空要好。只有顺势而动而不是逆势而为才能赚取更大的财富。

不论投资者还是交易员，其中一项最重要的本领就是认赌服输。当你发现自己错误以后，还用更多的资金来苦苦支撑、满怀希望地持仓等待是非常危险的。如果你能迅速地接受小额亏损并及时退出，判断就会准确得多，也就能发现再次入市获利的机会。

第六条规则：如果不确定，最好退出交易

如果你买进或卖出一只股票时，它没有马上或在一段合理的时间内按照你的意愿发展，那就不要再坚持了。因为越坚持、越希望股市朝着自己的愿望发展，你受到的损失就越大。当股市到顶部或底部时，总是会做错。接受2个、3个或5个点的损失总比不切事际地持股观望，最后遭受10~50个点的损失好得多。

股票一旦开始按照你的意愿发展，就不会停止上涨或下跌的态势。千万记住吉姆·吉恩说过的一句话："如果股票没有按照你的意愿走，那你就应跟着股票行情走。"始终要跟着潮流走，而不是逆潮流而动。如果你站在铁道上，看到一辆火车以时速60英里的速度向你驶来，你会站在那里希望火车在撞到你之前突然停下来，还是希望自己把火车撞出轨？当然不会，你会立刻从轨道上跳出去。在股市上，你也应该这么做——退出，要么让它从身边掠过，要么飞身而上，体验驰骋的快乐。

第七条规则：选择活跃的股票进行交易

你最好只对在纽约证券交易所的标准而活跃的股票进行交易。虽然其他股票也有突然高涨的时候，但从长远来看，活跃的领头股可以使你获得更大的利润。在纽约证券交易所交易的股票始终买卖兴隆，只要你愿意，随时都可以入市和退出。90%的未上市股和场外证券迟早都会消失得无影无踪。不要理会那些零碎的、隐匿着危险的股票。

同一板块股票不会长期一直当领头股。全国经济形势的变化会使某类股票在一段时间内一直领涨，但后来就落到后面了。到时候，其他类别的股票又成为公众的新宠和领头股。

不同板块的股票内部的个股也是如此。一般而言，一直受到热捧的领头股会持续活跃5~10年。过了这段时间，这只股票只有投资者持有，也就停止活跃，震荡的幅度也变得狭窄，因为投资者不会每天都进进出出。投资者长期持有股票，直到有好的理由或出现恐慌形势时才开始将它卖出，昔日的领头股就会在清算结束之前，在一路下跌的情况下再次活跃起来。

当然，只有对大幅波动的股票进行交易才可能赚到大钱。因此，你必须始终关注那些有机会赚大钱的新出现的领头股。随时掌握它们的新情况，跟踪上市新股的行情，密切观察它们的走势，你就可以选出新的活跃的领头股，放弃那些旧的、不活跃的领头股。如果你了解如何快速交易的话，那就懂得赚大钱靠的不是股息而是股价的震荡。正因为如此，在大幅震荡的活跃股中进行交易才有可能获得成功。如果你不得不因为这一类股票而遭受一点损失的话，你会很快就得到补偿，因为其中赚得利润的机会常会从天而降。

第八条规则：均摊风险

俗话说："不要把所有鸡蛋放进一个篮子里。"在股市上，也务必遵守这条规则。如有可能，在每类股票中选择一只，总共选择大约四五只，每只股票买卖的数量保持一样。

将你的资金进行如此合理的分配，这样你就能够做7~8次的交易。假设你有5000美元，每只个股交易100股并把风险限制在3~5个点内，即使你遭受五六次连续的亏损也还有资金进行运作。通过利润的运动，一次大的获利往往可以补偿四五次小的亏损。但是，如果你蒙受了几次大的损失却只赚了几次小额的利润，那你最终也就没有获利的机会了。

如果只交易50股，那就在5种不同的股票中各做10股，根据所交易个股的实际表现，在距目前价位3～5个点的价位处设止损单。这些个股当中可能有两个对你不利、达到特定的止损价位，但其余个股可能没有那么糟。这样，你还可以持有部分股票，如果这些个股朝着有利于你的方向发展，就可能挽回你做其他股票造成的损失，并获得利润。

如果你选择了合理的时间入市，从以往的记录来看，所选定的股票都达到止损点的可能性几乎没有，那么与在一种或两种快速变化的活跃股中进行的交易相比较，你可能不会总获得那么多的利润，然而却可以获得更大的安全感。我们建议的规则的目的就是：安全交易，自我保护，减少损失，赢得利润。

第九条规则：确定买卖的价位或点位

大多数人买进或卖出股票时，都有预先设定数额的习惯，这样的做法并非出于某种合适的理由，仅仅是基于期望而进行操作的坏习惯。当你进行交易时，你的目的是获利，但事先你并不能判断哪只特定的股票能获利多少，股市本身确定了你获利的数额，你必须做的事情就是准备在行情发生变化时获利退出，而不是行情发生变化之前退出。记住，股市并不会因为你在某个价位点买进或卖出就取悦于你，或者到达你希望的那个价位点。

很多交易员因为将价格定在他们打算卖出的价位而损失了一大

笔财富。有时候，股价在距离他们预设的卖出价只差2、3或4个点时就开始下跌，他们却还是满怀希望地持仓观望，仅仅是因为股价没有达到他们心中的预设价格，最后失去所有利润，蒙受损失，也拒绝承认股市行情已经发生了改变。在股市上，如果一个人按照自己的期望进行操作那么就很可能会破产。为了获得成功，你必须面对现实，现实经常是冷酷无情的并且与你的期望相左，但你必须接受它们，这样才能够有好的结果。

对于股市上几乎所有的牛市或熊市行情，公众都会在他们心中设定股价要达到的最高点或最低点。报纸上也会谈论某些受到热捧的股价将会达到100点、125点、150点或175点，每个人都认为他们的股票将会达到这些价位，并将这些价位定为其"预期"价位，然而事实经常证明，这样做是错误的。

下面，将进一步举例说明。在1909年秋天，股票牛市行情最高涨的时候美国钢铁普通股上涨到大约90点，报纸开始讨论"遭人喜欢的钢铁股"的100点，而公众都认为钢铁股一定会涨到100点，并把100点当作他们套利卖出的点位。作者本人却预测美国钢铁股最高只能到达94.875点，而不会太高。当股价达到这一点时，他就卖出了，而其他人却还满怀希望地继续等待。到最后只能赔钱，因为美国钢铁股最终跌到了38点。几年后，这只股票确实涨到了100点，只不过这次100点不是卖出点位而是买进点位，因为股票很快就涨到了123.75点。

一般来说，要想股票达到极端点（顶部或底部）的人通常都会输掉所有本金。要想赚大钱，也并非一定要在底部时买进、在顶部时卖出，要做的只是看看活跃的领头股。你就会发现，每隔几年，这些股票就会出现几次在顶部到底部之间波动 50～150 个点的行情。因此，如果你能在股票高于底部 10 个点时买进，而在股票距离顶部 10 个点时卖出，你自然就可以积累很多的利润。

千万不要固执己见，认为坚持持有，就一定能等到股票朝着有利于自己的方向发展，这不过是一种毫无合理的逻辑和推论而已。如果怀疑自己的判断就一定要退出，千万不要犹豫不决，贻误时机是非常危险的。要像行内人一样行事：如果无法得到想要的东西，那就接受可以得到的东西。同样的道理，如果股市不接受人们所提供的东西，人们就应提供股市愿意接受的东西；如果股市不顺应人们的意愿，人们就应该顺应股市的行情来操作。聪明人会改变主意，而傻瓜则总是固执己见。

第十条规则：获利的时机

绝不要一看到利润就交割，当行情向有利于你的方向发展时，就要持有股票。由于受到利润的诱惑而想交割时，想想以下几个问题，"我需要这笔钱吗？""这波行情结束了吗？""我必须卖出吗？"以及"我为什么要急于获利呢？"

看看你的股市行情变化图，然后根据其变化的趋势去操作，如果股市行情变化图没有表明趋势的变化，那就等一小段时间再说。要用止损单来保护已有的利润，但不能过早套利，过早套利和过晚割肉一样，是不可取的。形势有利时耐心等待，形势不利时快点退出，这样就可以避免蒙受损失并取得成功。

第十一条规则：累积盈余

在你提高交易量前，必须累积盈余。获得的利润不能闲置，只有"外行人"才会把到手的利润闲置起来。如果风险很大，就不要进行交易，直到可以买进或卖出的时机出现并在距离当前点位 3~5 个点的点位处设止损单。在可以预防的情况下依然蒙受巨大的损失是非常愚蠢的。

除非已经获得利润，否则不要轻易扩大交易规模。所有重要的商业机构都费尽心思地制造盈余，并乐于将盈余公诸于众。所有企业在特定的时期内都曾经在亏损的情况下运营，而投机商或投资商应该预料到这些亏损。因此投机商或投资商必须创造能够补偿亏损的盈余，才能使交易继续进行。

在非常活跃的股市中，如果在很高的价位下进行交易，一般情况下，在震荡连续两天后进行割肉并不会亏损太多。如果股市连续两天都对自己不利，那就可能继续不利下去，这时，你就应该从盈余中扣除损失而不要使本金受损，并耐心地等待下一个时机的出现。

第十二条规则：不要为了红利而买进

不少人常常会犯这样的低级错误：总是想买进将要分红的股

票。千万不要因为股票要分红就买进，也不要因为股票没有分红就卖出。人们经常因为股票继续大量分红而持有，这样一来，他们本金的半数甚至是所有本金都输了，从而所得的分红也就被消减了。要学会保护你的本金，而不要只盯着你的分红回报。要为了利润点位而进行交易，而不是为了分红。行情波动产生的利润要比分红多得多，你还可以从中得知股票在何时因看涨或看跌而吸筹或派发。

如果一只股票的卖出价很低，或者与其所派发的股息不相称，就很可能有问题，这时你选择做空比做多就要好得多。如果一只股票的卖出价位很高，却没有分红，则必然有原因，这时候你就不应该做空。很可能这只股票将要分红，或者正处于强势，否则，这只股票不会以高价卖出。

经过一段时间热炒，股价会高于或低于其内在的价值，但最终决定股价的是供求关系，股票的价值取决于这些因素。这里，我可以教你如何判断供求关系所表明的买进或卖出时机。

红利（dividend）是指上市公司派分的利润或赢利，但通常情况下，当你买进场外证券或暗藏杀机的股票时，这个词就变成了"divy"，意思是你分摊了自己的本金给别人，到头来输了个精光。

第9章　股票操作方法

在学习了成功交易的规则后,接下来需要学习买进和卖出时最佳操作的方法,所有这些因素都可以帮助你克服弱点、取得更大的成功。

买　断

许多人认为,用股票所进行的唯一一种最安全和稳妥的赚钱方法就是买断,这种错误无可救药,这让交易员吃尽了苦头。研究一下以往的行情记录,你就会相信我说的是正确的,只要看看过去四五十年间出现的大衰退就可以证明,这种做法的代价就是你买断时的全部投资。也就是说,股票价值不仅贬值为零,而且还需要对其进行重新评估。

你也许听很多人说过:"我完全控制了我的股票,我没什么可担心的。"然而,他们恰恰是需要担心的人,因为每年都有股票消失或被重新评估，人们又怎么知道他们所持有的股票是股市中最安全的优良股票呢？

当前，在纽约证券交易所上市的股票大约有700只。从现在起5年或10年内，各种因素可能会发生很大的变化。这些股票中的25%将变得分文不值，或跌得使买断并持有它们的人破产。

要挣钱就得使用比买断更好的自我保护方法，这种自我保护方法得像保守的保证金交易那么安全。如果你懂得在好的时机买入或卖出优良的股票，那你就会赚到很多的钱。

在1919年秋经济鼎盛、市场繁荣时，许多股票在9个月内一路上扬，有的上涨了25点，有的上涨到100多点。或许人们在距离峰值20~50点的点位买断了这些股票中的一只，并且在1920年到1921年的下跌过程中一直持有。有些股票狂跌了100~180个点，所有股票无一幸免，都蒙受了巨大的损失，其中一些股票再也不能以1919年所达到的价格卖出了。

在1919年卖空并在1920年和1921年夏天之前做空的人可以赚到大钱。下面列出的是一些股票在1919年的峰值和1921年的谷值，这些价格说明了在那些买断股票并自认为安全的人身上发生了什么事。（见表1）

大多数上述个股即使当其从顶部下跌25到50个点时也仍然派发股息，这使它们成为了通过保证金或买断的方式买入股票的人所热烈追捧的个股。当看到本金缩水50%~75%时，还有多少人抱有希望并继续持有他们手中的股票呢？很少有人这么做，否则他就是个大笨蛋。

还有一点可以证明止损单的重要性，因为一旦你开始买的股票不利，就有可能持续到花完你的保证金为止，并磨光你所有的耐心，使你错误地做出决定，如应该买进时却卖出。

我并没有把1919年当作牛市的一个特例或把1920年和1921年当作熊市的特例，因为它们并不是特例。在1857年、1873年、1893年、1896年、1903年、1904年、1907年、1910年、1914年和1917年都出现过相同的狂跌，可以肯定的是，这种情况还会出现。因此，碰到熊市时就做空，碰到牛市时就做多。

要时刻记住这样的事实：股票一旦开始向不利于你的方向发展后，就会持续很长一段时间。如果有人在接近顶部时买断并认为是安全的，或是在接近底部时卖空并认为预留50个点的余量就已经足够了，他们很可能损失惨重。

也许你会认为在恐慌的年份，在接近于底部时买断是最安全和最正确的。对此，我的看法是，在恐慌时的底部用保证金买入同样很安全，并且还能赚很多的钱，因为这样可以同时运作很多的股票。我的目的是教你如何找出股票到达顶部或底部的时间。

卖　空

卖空是值得做的，我想通过过去30年市场行情走势图中不容置疑的记录来证明我的这一观点。

有些人即使在股市交易多年，但好像从来都没有意识到股市是双向的。我经常听到有人在股市狂跌的时候说："我不会卖空"。天生做多的人不会成功，始终做空的人也不会好多少。

要想在股市上赚到钱,你就不应该被情绪所左右。你的目标是赚取利润,所以你不应该在如何赚钱方面(无论是买进还是卖出)过分挑剔,碰上熊市就做空,碰上牛市就做多,这才能保证你成功。

如果你在股市上只做多,股市不利的概率就比你在股市上既做空又做多高出50%。在熊市时或在萧条的年份做多会有多少获利的机会呢?你也许会在股市突然显著下跌时在底部买进,但如果你不快速套利,那么你将同样很快蒙受损失。做空的人每逢反弹就卖空,以弥补行情突然下跌时的损失,进而等待下次的反弹从而再次卖出,以积累大量利润,因为这在顺应走势。顺应走势就会成功。

研究你的股市行情变化图,确信自己在正确的时机做空和做多一样能挣到钱。如果你想赚大钱,就要下定决心等条件成熟时做空。

朋友、经纪人和报纸都会警告你做空很危险,可能会有"逼空"行情出现。股市上出现逼空的概率是千分之一。过去30年中出现过两次重大的股市逼空:1901年,北太平洋(Northern Pacific)股就曾经经历过逼空,当时这只股票的股价从每股150美元向上疯涨到了每股1000美元;斯图兹汽车(Stutz Motors)股在1920年也经历过逼空,当时的股价从大约200美元升至大约700美元。

股票是用来卖的,知情人在股价接近顶部的时候以最快的速度卖出,如果你跟随着知情人来操作,那就会安全多了。用大盘股来卖空会非常安全,因为流通股的供应数量很大,不可能被囤积居奇。

报纸上刊登的都是知情人想要你知道的消息，而不是你需要知道的对你有利的消息。不可全信报纸，当情况恶化且到了买入时机时，报纸不会告诉你任何关于时机即将到来的消息；而如果股票到达顶部，且内情人想把在底部买入的股票出手时，报纸就会大肆宣扬分红、额外股息、红利、权益以及大赚特赚等，而不是警告你你捡到的是"垃圾"、得到的是"劣品"而不是股票的权益。

聪明的人不会坐着幻想那些知情人会告诉自己游戏的实际情况，只有傻瓜才幻想自己的对手，会告诉自己应该如何操作。

经纪人总是在股票处于顶部时认为应当做多，在股票处于底部时却认为应当做空。普通的经纪人对于股市的认识并不一定比你深，对于为什么如此操作也说不出理由，他们的工作就是通过买进股票和卖出股票来获得佣金，那是他们的生存方式。精明的经纪人可以把你所支付的钱都装进自己的腰包，他们的工作环境很混乱，因为他们的耳边充斥着关于股市的各方面消息，所以判断起来准确率不一定比你高。

1920年12月，当时股票狂跌，每天的成交量达两百万股，报纸上充斥的是强力货币、信贷冻结、生意萧条、失业、购买力下降、人们买不起奢侈品和汽车等这些坏消息。当时，处于底部的斯图特贝克卖出价是37.75美元，这只股票稳步上涨，直到上涨至超过100美元时才有很多人关注它。

现在，几个月过去了，每隔几天报纸就大吹特吹斯图特贝克的高收入，华尔街到处都在传说这只股票要涨到每股175美元或200美元。在斯图特贝克这只股票上涨了将近100点后，为什么要把这条好消息公布给不知道内情的人呢？如果这只股票在1923年的后期或1924年时的卖出价再跌到50美元或60美元，那么又该对那些以目前价位买入这只股票的冤大头建议什么呢？笔者的看法是，卖出斯图特贝克这只股票并支付下一年股息的人比买入这只股票并获得红利的人赚的钱还要多。这一看法可以应用到斯图特贝克股票上，对其他股票也应该是如此处理。

金字塔式的利润积累

许多交易商在牛市的底部就开始进行保守的交易，并因此积累了一大笔利润。最后，在接近顶部时由于金字塔式的积累过大过快，结果当走势发生变化时，他就因为持仓过重而被套牢，从而损失了他所赚取的所有利润甚至还损失了他的一部分本金。可怕的经历告诉我选择安全比选择悔恨要好得多。在投机中，你要时刻记住的是"安全第一"。

在开始交易后，第一次风险应该是最大的。假如你在第一次交易中赌了5个点，赌输了，结果就把所有本金都赔了进去。假设这只股票朝着有利于你的方向运动了5个点，你就可以第二次买进并在距离当前价位5个点处下一张止损单。这样，即使这第二次的买进亏了，你也不过是亏了5个点，如果算上第一次交易的利润，你既不赔也不赚。

金字塔式的交易是否成功完全取决于你选择入市的时间——要么在行情开始上涨时从接近底部的价位开始交易，要么在行情下跌时在接近于顶部处的价位开始交易。对于那些活跃的股票，一般来说，每 10 个点的上涨或下跌进行一次金字塔式的交易比较安全，但你应该逐渐减少你的交易额，而不能增加你的交易额。

假设你第一次交易了 100 股，股市上涨了 10 个点；然后，你又买进了 50 股，股市又上涨了 10 个点；接下来，你又买进了 30 股，股市又上涨了 10 个点；然后你再次买进 20 股，股市又上涨了 10 个点；接着你又买进了 10 股。此后，股市每上涨 10 个点，你就买进 10 股。通过这种方式，如果你再用止损单跟进，那么你就可以享有不断增长的利润，而风险总是在下降。根据你下止损单的方式，你的最后交易可能会有 3 到 5 个点的损失，但其他所有交易都可以带来很大的利润。在股票走出吸筹或派发区域后，进行金字塔式的交易往往更安全。

你要学会的是，对于一系列规则要么严格遵循，要么置之不理。不能忽视的一点是，每次当股票在有利于你的方向上移动了 5 到 10 个点后，其继续朝着有利于你的方向移动的可能性就会降低。但这并不意味着这只股票不会长期朝着有利于你的方向发展，只是不能忽略不利于你的可能性。

按比例买进和卖出

许多投资商和交易商都认为，要想交易成功，唯一的方法就是按比例增加或减少买进或卖出数量，但我从来就不知道在股市上有保持长盛不衰的按比例交易的方法。有人问拉塞尔·赛奇是否相信按比例买进的方法，他说，只有三个人有足够的钱按比例买进，他们是卡内基、摩根和洛克菲勒。但即使是这三个财大气粗的人，最多也是这么想而不会付诸行动。

按比例交易的方法不会因为股市对你不利的时候继续买进而起作用（这样做只会增加你的风险）。如果在第一次交易的时候，股市就朝着不利于你的方向发展，并且暗示你以前的判断是错误的，那么这时你要做的一件事情就是快速退出，不要继续买进或卖出。我的金字塔交易经验显示：额外风险提高的时间往往是在股市朝着有利于你的方向发展的时刻。当你获得赢利时，买进或卖出的数量的增加对你的影响都不大，你大可置之不理。但是，如果在损失越积越大时你想摊薄，那就是犯了严重的错误，而这种错误迟早会吞掉你所有的本金。

股票套头交易

有些交易商在一类股票中选择了一只买进，可如果这只股票开始朝着不利的方向发展，他们就认为可以通过在另外一类股票中进行套头交易或卖空来拉平盈亏，这么做不太好。更好的方法就是在不利的交易中快速割肉，并开始新的一笔交易。

曾经有过这样的事例，即铁路股和工业股先是相互分离，后又走到了一起，但这种情况的发生需要很长一段时间，例如：

在1919年11月份，当20种工业股的平均卖出价是119美元时，道琼斯20种铁路股的卖出价是82美元，也就是说，工业股比铁路股高出37个点。笔者当时认为，不出两年工业股的卖出价就会比铁路股的低，结果确实如此。在1921年8月份，铁路股的卖出价是70美元，而工业股的卖出价是66美元。也就是说，铁路股比工业股高出了4个点，或者说，铁路股的优劣在21个月的变化幅度竟然到达41个点。

当然，即使在1919年的顶部时用高价工业股进行卖空交易并买进铁路股的交易商都可以赚到钱，但建议最好不要执行这种交易，因为铁路股下跌了18个点，而工业股下跌了55个点。

因此，正确的交易方法本应是只要趋势下滑就用工业股来做空，而且不执行任何其他形式的套头交易。要想获得成功所要遵循的最基本规则就是跟着股市的趋势走。如果你不能确定股市的趋势，就应该退出，直至你可以判断为止。只要你能正确地判定股市的行情，就一定可以赚到钱。

不能遵循规则

股市长期震荡的平均时段是两年或者大约600个交易日。如果你站在股市行情自动收录器旁紧盯着行情的震荡变化，那么在两年的时间中，你就会改变主意1200次，其中有90%是错误的，因为你的主意的改变不是来自很合理的理由，而仅仅是根据可能持续了几小时或几天的小变化来判断。这些小变化所改变的仅仅是那个站在股市行情自动收录器旁的交易者所观察到的股市行情的表象而已。

第二篇
如何进行交易

每次改变主意、改变仓位都可能导致不利的情况出现,因为你必须支付税金、利息和佣金。如果你入市错了,股市行情自动收录器就会让你一直错下去,因为每隔几个小时或每隔几天其就会显示让人重获希望、维持现状的小行情。另外一个方面,如果你一开始是对的,并且每天都紧盯着股市行情自动收录器,那么一些毫无意义的小行情也会让你选择退出,从而让你陷入不利的局面中。因此,你一定要认识到,如果你整天都盯着股市行情自动收录器、不断改变你的主意并处在90%的错误概率中,那么你想要赚到钱几乎是不可能的。

股市大盘的行情变化不断,难以预测,会令大多数人都失望,因为公众总是受到期望和希望情绪的影响。他们因为恐慌而卖出,又因为期望而买进,所以总是在顶部时入市而在接近底部时退出。而按照某些周密计划进行交易的人,则在公众卖出时买进,在公众买进时卖出。让你屡战屡败的不是股市,而是你自己,因为你始终没有弥补自己的弱点,总是听信水平还不如你的人的建议,总是盲目跟从报纸上的言论,总是把街道上的小道消息视为珍宝等,所有这些都会把你引入歧途。

普通交易商到华尔街,首先要做的就是到处打探消息。他们会问擦鞋童:"你觉得股市怎么样?"他们也会咨询旅馆的服务员、办公室的勤杂工、自己的经纪人、朋友和经纪人办公室周围的陌生人。保守的来说,普通的散户每天都要向10~12个人征求意见,其实这些人也不过是猜测,他们懂的不一定比交易商懂得多。如果他们的意见与他相符,他就会认为这是条好消息,然后就跟进,结果当然是输了。如果过半数的人和他的意见向左,他可能就不会按照自己的判断行事，可是事后发现判断错误的是别人而不是他自己。他就对自己说："我当时本来想买入的，如果我那么做，那我就可以赚到钱了，但是我听信了经纪人和勤杂工的话，他们当时都认为我是错的。"

"聪明的人会因形势变化而变化，只有傻瓜才原地踏步"。聪明人在做决定之前会调查，而傻瓜则莽撞地急于做决定。对股票的看法一成不变的人，不管他是做多还是做空，都不会赚到钱。人的思路应该保持开放，并且只要在发现理由充分时就改变主意，同时迅速采取行动。在华尔街，不会改变主意的人也很快不会注意到任何变化。

我曾听说在华尔街的一位老年交易者，大约有80岁。他一辈子攒了几笔小财，并在股市快速上涨50~100点时赚了较大的几笔钱。可是后来由于他企图抓住这种快速上涨50~100点的大行情，最终却把所赚到的钱都赔了进去。

在1915年以前，这个人一直穷困潦倒。当第一次世界大战后经济开始繁荣时，他赚到了几百美元的资本，并开始买进股票和进行金字塔式的交易。他在恰当时机正确买进股票，也就是说，他在接近底部时买进，然后股票就开始上涨，他开始对其实施金字塔式的交易。以不到50美元的价格买进了鲍德温（Baldwin）股，以不到40美元的价格买进克鲁赛波（Crucible）钢铁股，以不到50美元的价格买进伯利恒（Beth. Steel）钢铁股，以不到60美元的价格买进斯图贝克（Studebaker）股。他幸运地成为了"战争的宠儿"。

刚开始的时候，他只是偶尔进行交易，当股市在1915年达到

第二篇
如何进行交易

顶部时，他手头的股票价值翻了很多倍了，光是经纪人帮他打理的资产就达到 20 多万美元。我对他说："现在是时候把你的纸面利润兑换成现金了。"当时，在最初的交易中，他若卖掉鲍德温（Baldwin）股可以获得超过 100 点的利润，若卖掉克鲁赛波（Crucible）股也可获得 100 余点的利润，若卖掉伯利恒（Beth. Steel）钢铁股更可获得几百点的利润。但是，他当时很看好行情，并且乐观地认为大家都疯狂了，甚至觉得所有上市股票都将变成伯利恒（Beth. Steel）钢铁股上涨到 700 点。

我还记得 1915 年 10 月的某一天，当时，鲍德温（Baldwin）股上涨到了 154 点，正处于顶部阶段，整个市场都陷入了极度疯狂和兴奋之中。我对他说："现在，你应该把你所有的股票都兑现，或者通过止损单来保护你的利润。"他却说："股票还没有开始正式上扬呢。"并且他又给了我一张买进 500 股鲍德温股的买单，他还说："我要等到鲍德温股上涨到大约 250 点后才卖出，在 150 点时我可不卖。"当天下午，鲍德温股价就下跌到了 130 点，所有其他股票也相应下跌，但他还是满怀希望地继续持有这些股票。股票继续下跌，几个月后，鲍德温股跌回到了大约 100 点，他被迫卖出了他的那些股票，而他的利润也因此从 20 万美元降低到了账户上不到 1 万美元。

他犯了什么错误，现在应该可以一目了然，这个人在恰当的时机抓住了机会，一开始少量买进没错，然后进行金字塔式的交易也没有错，但是他没有选择最佳的时机退出，只要收入没有最终兑现，就不算是利润，利润一定是要兑现的。但是这个人拒绝正视市场当时的实际情况，他太乐观了，不相信 20~30 点的猛跌就表明行情已经发生了巨大的变化，至少在当时他无法一下子就相信。一旦这个人赚取了利润，并通过止损单来保护这一利润，他就会知道他大笔的钱已经保住了，肯定能到手。但如果他仍然满怀希望地继续持有，并在顶部时继续买进，那么他就一定会遭受损失。

这个人赚钱后又赔了钱，到1917年后又变回身无分文，他再也没能东山再起，因为他太老了，而且心态也还是那么过分乐观。直到今天，他还会听从经纪人办公室里任何一位职员的建议，或者说，如果在经纪人办公室旁的任何一个人告诉他某只股票将要狂涨100个点，他也会照旧地信以为真。为什么呢？因为他期望再次进入股市，做一只狂涨100点或更多点的股票，然后通过金字塔式的交易来大赚一笔。如果你告诉他，说你知道有这么一只股票将上涨5个点或10个点，他会置之不理，因为他对只上涨5个点或10个点的股票根本没有兴趣，他雄心勃勃地整天想只是做上涨100点的股票。

一些人根本就不会吸取教训，总结经验。这个人自从内战之前就开始做交易，在过去的50年里，他从来就没有从中了解到，在几个月的时间内股价上涨超过50~100个点的异常市场状况在一生里只发生三次或四次。他不切实际地盼望着这种事情每年都发生，而实际上历史经验已经清楚表明，这种事情20年内也难遇一回。他没有意识到，在大多数情况下市场都是正常的，只会按照正常的方式上下波动。所以说，他不善于推理，更不会善于思考。他总是过分夸大希望的泡沫，所以蒙受损失并以失望收场也就毫无奇怪的了。

你必须时刻记住，正常的市场接受的是正常的利润，只有反常的时候才能获取反常的利润。但要注意，无论交易是否有利可图，你都需要用止损单来保护自己，并紧步随着行情的变化来改变主意。

第10章 股市行情变化图及其用途

应当了解一只股票的哪些信息

无论公司是否是新成立的,当你了解其长期以来的盈利状况、派发红利有多长时间了,以及公司的发展前景如何,还有该公司是否存在投资过多的问题。但是,所有影响到这只股票将来价格的信息都体现在股价的波动中。你只需要了解该股票的股价记录,对于其他东西,你可以置之不理。

许多人都说股市行情变化图对于决定未来的行情毫无价值,那只是代表过去。这是事实,它只是过去的记录,但是未来的行情也不过是过去的重复。每个商人都会根据过去的生意记录来决定将来如何进货,也只有通过与过去的记录相比较才能做出判断。这就好比我们查看一个人过去的历史,如果他过去表现很好,那么我们也应有理由判断他将来会很好。

股市行情变化图其实就是一幅图画，这一图画与我们的描述相比更加简单明了。同样一件事虽然可以用语言来表达，但通过图形的方式来描述这件事情，会让人理解得更快一些。同样的道理，要了解一个人，判断他的品质是好还是坏，看他的照片会比阅读描述他的文字更快一些。

我认为没有比《圣经》更权威的了。《圣经》上说："已有的，还会有；已做的，复去做。阳光下没有什么是新的东西了。"这表明历史只不过是过去的重复。股市行情变化图是我们拥有的唯一指南，其可以告诉我们股市以往的情况，从而帮助我们判断股市未来的行情。

如果是机器而不是人在创造股市，那么情况将大相径庭。但对于那些懂得如何解读操盘者的操作信号的人来说，股市行情变化图和以往的记录就很重要了。

因此，你应尽量地获得标记以往月度最高价和最低价的股市行情变化图，以及标记有过去 6 个月或 12 个月内每个星期最高价和最低价的股市行情变化图，最后，还要有标记有过去 30 天到 60 天内每日最高价和最低价的股市行情变化图。这样，就能让人们了解大盘所解读的这只股票的历史、现在和将来的走势。如果指示不太清楚，你就必须等上一会儿，直至大盘显示多空力量的平衡方式是供求平衡，还是供过于求或供不应求。

成交量

不能小看成交量，因为其恰恰说明了供给或需求是否大到足以引起股价的上涨或下跌。可根据已发售股票的总量来计算出每天、每个星期和每个月的成交量。例如：

如果你查了美国钢铁股在1922年的最后三个月的交易记录，你就会发现这只股票连续几个星期的波动都很小，总成交量也只有30万股，于是马上就可以推断出，无论是买盘还是卖盘都没有什么大的行情。为什么呢？因为美国钢铁股共有500万股，而要在任何阻力位上出现大的波动前，都必须有100万股或更多股换手才行。一只股票的交易额越大，其完成吸筹或派发而引起长期行情涨落所需的时间也就越多。

成交量的意义

由每只个股的成交量，可以了解正在买进和卖出的该股股票所占有的比例，从这些大盘和波动中，你可以了解幕后的真相，当然前提是你能够正确解读大盘。缺乏大的成交量，股票自然就不能派发和吸筹。要想在任何一个方向上出现大的行情，就一定要有人以接近底部或顶部的价位买进和卖出大量的股票。因此，要仔细研究成交量、卖出大量股票所需要的时间，以及成交量逐渐增加时股价

第二篇
如何进行交易

上涨或下跌的点数。

假设美国钢铁股此前已经上涨了20点或30点，在目前的水平上一天有20万股在进行交易，但该股只上涨1个点。第二天又有20万股在进行交易，但股价并没有上涨。这就非常明显地得知，在该点位上，该股已经供大于求，或者至少买家无需竞价抬升就能够买到想买的股票。在这种情况下，明智的做法就是完全抛售，静观其变。如果在一段合理的时间后，在这一水平的所有股票都被吸纳了，并且股票升到了新的高度，那么当然就说明了股价还要升高。

在高涨的牛市中，股票一到达派发区域，就会出现大幅震荡，成交量就会达到所有净发行股本总量的好几倍。例如，在1919年的下半年和1920年的春天，鲍德温（Baldwin Loco）股的成交量从每个星期的30万股上升到了50万股，而该股的点位也只是在130~156之间震荡。当时正是该股派发的时间，而公众无论价格多少都会满怀希望地买进。

从那以后，出现了一轮较长时间的下跌行情，截止到1921年6月25日所在的那个星期，鲍德温股下挫了62.375点，整整比1919年的最高点位下降了93个点。在那个下跌行情的最后一周内，该股下跌了7点多，即从70点下跌到了62.375点，而那个星期的总成交额还不到11万，这就说明了，资本变现即将结束，几乎没有任何急于出售的股票。当时一个星期的交易量大约是股本总数的一半左右，大概与流通股的总量持平。而当该股大约接近100点时，股本每个星期大约易手两次。

要注意的是，鲍德温股价在1921年6月下跌到62.375点的低位时，其就以小规模的成交量反弹。这表明，等待卖出的股票已经

67

变少，无需强力买进就可以推动股价上升。由于原本在公众手里的股票供给已经转入庄家手中，这只股票会很轻易地就开始上涨，直到上涨至1922年10月的142点，当时，又开始进行派发。从中你可以知道成交量是如何影响吸筹和派发的时间的。

第11章　股票市场的七个行动区域

股票市场可以划分为七个区域,从而确定不同的行动阶段。有三个区域在正常区域以上,三个区域在正常区域以下。

正常区域表示股价差不多接近股票的内在价值,此时还是可以依赖于人的判断,还可以从供需的角度对大盘进行分析。"正常"区域在我们看来是买进和卖出基本相当且波动幅度非常小的时期,没有明显的动机疯狂对该股票进行投机性抬升或打压。无论是吸筹还是派发都可能出现在正常区域周围。投资股或金边债券都可能从这一区域开始下跌,而前途被看好或是被吹嘘为有望获得大笔盈余的投机股则可能从这一区域开始上涨。

正常区域以上的第一区域标志着股价在很少受到人们的关注下平稳上扬的时期。根据股市在总的经济环境中经历的周期,这一时段可持续1个月、3个月、6个月或是1年。这是因为,用长期震荡的观点来看股市的话,从正常区域到第三区域过渡有时候需要一年,有时需要五年或十年的时间。

正常区域以上的第二区域标志着行动较大的时期,这时资金筹码开始盯上某些股票。于是有报告宣称业绩提高了,公众的注意力又转到了股市上。少数人开始少量买进,但大多数人则等待股市返回第一区域时再行买进。当然,出现这种反复的几率是很小的。

正常区域以上的第三区域或最高区域就是派发期。在这一区域内,会出现大的动作和极大幅度的震荡。股票被炒得火热,公众疯狂地买进,大笔盈余的报告频频传来,红利增加并公布派发股息,每件事都变得非常乐观。各类人物都开始津津乐道地谈论繁荣的经济,股票几个星期或几个月持续上扬,出现的行情反复幅度很小,人们开始失去耐心,并不顾一切地在股市上随便以任何价格买进。你会听说勤杂工、擦鞋工、图书摊贩和速记员赚了一大笔横财的消息,所有人都梦想得到近在眼前的财富。当然,那些财富大多数还只是账面利润,并没有兑现,而只有大约10%的财富在这一阶段得到变现。许多人自信满满,以至于迟迟不肯卖出。从1919年8月开始,股市就处于这一区域,一直持续到了1919年10月。读者中的许多人都知道在他们身上发生了什么事情。

在这一阶段中,连续多个星期、多个月,每隔几天股票就时不时地上涨1~5个点,持续上扬而且很少反复。这种情况出现以后,表明这一阶段已接近尾声,尽管没有人看到这一点。某天晚上,交易商都满怀希望地回家了,天空晴朗,没有任何暗示不祥的云朵。第二天早上再来时却发现股票一开盘就下跌了1~5个点,这种下跌可不是由于有坏消息传出或其他什么原因,真正的原因是股市已经达到了供过于求的阶段。大家都拼尽全力地买进,再也不会一开盘就有大量的买单来支持股价了,所以一开盘股价就下跌,这是这一阶段结束的第一信号。必须小心了!从本质上说,在第一道闪电出现后，你应该推断出强烈的暴风雨马上会来临，至少应该保护自己了。在阶段结束的第一信号发出之后，股价可能下跌一会儿，然后又反弹至最高点的位置并持续一段时间，但这只不过在警示："饱和点"就要到了，聪明的人应该及时退出。

人类历史告诉我们：几乎所有矿产品、工业产品和农业产品都不会有无尽的需求，早晚会出现供大于求的情况。一旦某种生意有利可图，可以使少数人发大财，就会有许多人盲目地蜂拥而至，从而导致过量生产，并逼迫价格下降。这不过是自然规律罢了，源于人类自身的弱点。这适用于其他行业，也适用于股市。当股票价格达到正常区域以上的第三区域时，震荡的幅度就迅猛加大，以至于可以快速地获得大笔财富。这就把各阶层的人都吸引到股市中来，几乎所有人都虎视眈眈，雄心勃勃，不停地买进，股价也跟着上涨，直到知情的、不知情的、高位的或低位的都来满足这种需求。所有人都发现自己到了饱和点，仓满囤肥，开始寻找买家，却找不到。随后，所有股票迅速跌回到正常区域并一路下跌到正常区域以下的第三区域。

在正常区域以下的第一区域标志的是从高位平稳下跌，这其实就是对弱势持股者的第一次恶意筛选。随后会有一轮反弹，但因为供仍然大于求且派发仍然继续，股市对这一反弹反应很迟钝。很多错过了正常区域以上第三区域行情的人都很聪明，在正常区域以下的第一区域就卖出了。精明专业的交易商则推断出牛市已经结束，每次一有反弹就进行空头交易，结果股价就开始缓慢地下跌。

在正常区域以下的第二区域——资产变现情况增多，跌势更猛，反弹更小；有关经济滑坡的消息开始出现，于是势态使人们变得更加保守。人们降低了期望，变得更保守，并停止买进，结果导致市场失去了更多支持而逐渐下跌。

在正常区域以下的第三区域和最终区域则与在正常区域以上的第三区域完全相反，处于这一区域的人们恐慌和极度悲观。投资者失去信心，并开始卖出，举国上下一片慌乱，暗示着每况愈下的经济形势。红利停止派发或是大打折扣，即使在顶部时乐观的人现在也小心谨慎，暗示人们情况在彻底好转之前会变得更糟。股票的供应似乎源源不断，所有人都卖出，而没有人买进，此时你手中的股票已经大幅贬值，比纸张还便宜了。人们在讨论那些他们以比现行价位高出 50~100 点的价位买进的股票。当到了这一区域，就该停止做空，趁着大多数人卖出股票时买进。由于股票悄然上扬会持续很长的一段时间，你有充分的时间考虑是否买进，所以在这一区域内，有必要观望几个月，直到资产变现已经完成，吸筹即将开始为止。记住，黎明前总是黑暗的，太阳落山前的正午时光也是最明亮的。

第12章　认识所交易股票的习性

股市是由人来驱动的，也就是说，人们的买进和卖出状况决定了股价。由于人都有特定的习性，所以股市或每只个股自然就能反映出参与股市者的特定习性和方法。你必须完全熟知你所交易的股票，通过对它们的研究，可以了解到股票特有的运动规律。如前所述，这是由多年连续做一只股票的那群人或集合基金造成的。

一定要在开始交易前（而不是交易后）调查和了解你所要交易的股票。研究每只个股在上涨或下跌时的点数变化，认真计算这只个股要想形成一轮大行情或一轮小行情，需要多大的成交量，要探明这只个股是以快速移动还是缓慢爬行的方式形成底部或顶部的。有些股票的顶部和底部都非常陡直，有的股票的顶部呈圆形，有的股票的顶部则成方形，有的股票会出现双重顶部或双重底部，有的股票出现三重顶部或三重底部，而有的股票则成单个顶部和底部或陡直的顶部和底部。这里所说的双重顶部或三重顶部，指的是某只个股达到某一特定水平之后出现一次大的反复，因而第二次或第三次到达高位，反之亦然。

扁平或陡直的顶部和底部

　　股票和人没有什么差别，都有各自的习性和运动规律，熟悉一只股票并长期观察它的行情后，就很容易了解它将来的走势，就像在认识一个人多年后就能够预测这个人在特定情况下会如何行动一样。记住，股市的运动是由人引起的，因此股市的运动反映出了人们内心的思想，并揭示出特定类别股票操作者的行动、渴望、期盼、愿望和目的。

　　不同的股票运动的方式各不相同。有的是领头股，有的较为拖后；有的快速运动，有的运动缓慢。

　　率先到达顶部的领头股就会在行情变化图上表现出我们所说的扁平的顶部。也就是说，他们到达某一水平并保持在这一水平上几个星期或几个月。根据股票的不同类别，会出现大小不一的幅度，但不会比开始派发时的水平高多少。当熊市开始时，这些股票当然是首先第一批领跌。

　　变动开始较晚、在整个股市即将到达顶部之后才开始上涨的股票上涨迅猛，从而形成了所谓的陡直的顶部。但过了不长时间后，这些股票就会迅速下跌，因为整个市场都开始下跌。与那些早已经从顶部下跌的股票相比，逆势上挺的这些后发股自然一定会在高位遇到更大的买盘压力。

　　随后出现的问题可能是："形成陡直顶部的股票何时派发？"

　　这些股票在上涨时被派发，而在下跌时被卖出。在形成陡直的顶部后，这些股票通常就会先下跌10点、20个点或30个点，然后会暂停一下。这时，因为股票下跌太多，许多人认为执行卖空操作是不切实际的。并且认为其下跌充分而适合买进，于是人们就进行买进操作。在这种情况下，后发股经常在后来者的推动下在低于高位20或30个点的点位开始派发，而领涨股则在低于顶部5～10个点内开始派发。

领头股多次达到同一水平，有些股票甚至会达到同一水平10～15次，而后发股的走势更像是火山爆发，股价迅速达到顶部，并且在同一价位上不会出现超过两次。这是因为当冲击式的买进能量被释放后，股票就会快速跌至半常态的水平上。这是一个发生急剧变化的过程。

派发所需要的时间

股票派发所需的时间随着股票的种类、发行的数量、总体经营状况、该股在公众当中的知名度和广告宣传力度等因素的不同而不同。

例如，在类似于1919年的股市上，如果日均200万股成交量的日子超过60天，在公众不计后果地做多，不加考虑地买进股票时，派发100万股就比在股市正常状态下花一年的时间去派发还要容易。如果股票达到了实施派发的水平，那么就会出现迅速反复涨跌的行情。交易量很大，买空和卖空都在同时进行。无论是迅速上涨还是下跌的股票，人们对它们都兴致勃勃，因为那是发大财的好机会。

大多数人过多地相信行情历史的惯性。例如，一只股票在120点和150点之间涨涨跌跌了七八次。也就是说，每次下跌到大约120点时又会上冲到140点或150点，公众最终就会相信每次这只股票下跌到大约120点左右时，就是买进赚钱的好时机。现在，在这只股票最终彻底被派发完，跌到120点之后就不会再上涨了。所有人都仓满囤肥，满怀希望地等待着，这只股票跌了10点、30点、40点或50点，直到投资商和交易商厌烦了、害怕了，他们就开始卖出了。

一些最为确信的派发信号包括交易量很大但迅速反复地涨跌、增加红利、派发股息，以及给持股人派发额外权利等，如果人们相信这些诱饵，那么将来受到巨大损失也不奇怪了。

错误判断吸筹或派发的时间

在股市的不同阶段，吸筹和派发所需要的时间是不相同的。某一集合基金可能在年初形成，因为人们都看好股票要在春季上涨，于是他们就大量地买进股票。到了四月或五月，股价上扬后，该集合基金开始卖出股票，并把所有股票都派发给公众。到了六月或七月，股票行情突然显著下跌，公众急忙将在顶部买进的股票抛出。然后，这只集合基金或另外的集合基金再次买进这些股票，于是股票又开始上涨。随着股票在不同阶段派发，这种情况可能会先后出现三四次，但这不过是次一级的派发期，最终当达到极高位或派发的最终区域，所有人都看多时，这只股票一次长时间的熊市派发就完成了。

同样的道理，股价下跌时，股市会在某一水平停下并维持一段时间，然后开始反弹。其中，看跌的人就会取消所有空头交易，股价就继续下跌。先后经过两个或三个不同阶段的资产变现后达到最终的阶段，此时如果有吸筹，那么新一轮的牛市行情将被诱发。本书的股市行情变化图 11 和图 12 就充分展示了这一点，其显示了铁路股平均价格和工业股平均价格各自不同的顶部和底部。

牛市的每次上扬和熊市的每次下跌都会出现三四次起伏，由于自身的时间要素和起伏情况不同，所以每只个股的自身的高点位和低点位也不同。查看工业酒精（Industrial Alcohol）的行情变化图，可以看到该股下跌过程中的各级点位或起伏，每个阻力位，都曾经被当作是底部。但由于实际情况表明随后出现的所有反弹都没能达到更高的顶部，因而每一阻力位都只不过是暂时的底部。

许多股票在牛市行情或熊市行情临近结束时都会暂停下来，这看起来像建仓或派发，又像是到达了最终的顶部或底部。但如果公众大量买进或所有卖空者都在这一水平补仓的话，即使是在非常高或非常低的水平上，也可以形成使股票冲至最终高位或最终低位一个较弱的做多或做空的趋势。

通常在股票正在接近最终高位时，职业的空头就会卖出大量的空头股，可是随后发生的事情使他们感到恐慌，于是就开始补进。他们的买进再加上公众的买进会把股价强行抬升至比此前的高位略高一点的水平。所有这些都在本书的股市行情变化图 11 和图 12 中清楚地表明了。在有关零售商店（Retail Stores）及其在1920年12月的底部、1921年2月和3月之间的下一个底部的例子，也对这一规律进行了充分的说明。

阻力位

在开始交易一只股票之前，要尽量弄到一张该股在几年之前的行情变化图。认真研究一下，注意以前出现高位和低位的水平，找出先前已经出现的阻力点位，对比一下你就可以判断你入市的时间是否正确，是否能保证你的资金的安全。

假设在1921年，你想要买进一只股息很高并且有上扬前景的铁路股票，我们姑且认为你曾经绘制过纽约交易中央公司（New York Central）从1896年至今的行情变化图。现在再阅读一下"如何判断股票处于最强的走势中"的那章中关于纽约交易中央公司（New York Central）的部分，你就会明白，通过股票记录可以知道股票的走势，并能够知道你是在接近走势的顶部还是底部处买进股票。

假如你制作了一张你想要交易的某只股票的行情变化图，发现这只股票从每股的10美元上涨到了50美元且目前的卖出价是40美元，这时以40美元为买进价格的交易就不会安全，因为卖出价过于接近最高价而离最低价过远。当然，这并不意味着买进从50美元跌倒40美元的股票就不好，我在这里所举的例子是为了向你提供范本，从而使你可以安全地买进或卖出股票。无论是小行情还是大行情，在买进或卖出之前，都应当等到股票本身表现出在某一方面遇到阻力。始终要记住，做任何一手交易都要有正确的理由，千万不要凭一时的期望就买进或卖出，因为那纯粹是赌博，而赌徒迟早都要蒙受损失的。

极高位或极低位后何时买进卖出

在股价从极端高位开始下跌或从极端低位开始上扬之后，决定买进或卖出时间的方法就是去寻找何时出现猛跌或迅速反弹。一般股票都会回调 5~7 个点，有时是 10 个点，但低价股只会回调 2~3 个点。

观察完成大行情或小行情所需要的时间，对于非常活跃的股市，股票回调的时间很少超过两天，或者说到了第三天，股票就会以更高的价格卖出。在第二天回调时买进，并设置 3 个点的止损。

如果股票很平稳，没有什么波动，或者只在顶部或底部附近起伏不定，那就要等到股票活跃起来后，再买进或卖出。

一只股票连续两个星期或更长的时间里都低于顶部或底部，然后又活跃起来，并达到新的顶部或底部。这时候，一旦股票在新的涨跌区域开始活跃起来就要马上买进或卖出。

在行情开始时入市

许多人看到一只股票开始上扬，就要等到股价回落后再开始买进。如果股价没有回落，他们也就不会染手这只股票。回落、逆势运动和反向行情都是在吸筹阶段发生的。在此完成后，股票就开始上扬，超过吸筹区域，但不会大幅度地回落。这是为什么呢？因为知情人已经买到了他们想要的所有股票，已经达到了初步的目的，他们的下一个目标就是将股价抬高到他们可以开始卖出的派发线。一旦行情开始，他们是不会回过来让别人赶上这轮行情的。

在华尔街，优柔寡断、来回不定的人注定要赔上全部身家财产。因此，当你看到一只股票开始上扬时，如果它非常活跃，且交易量很大，那么就不要再等，马上买进。

这条规则也适合卖出，一旦股票的派发期结束，做多头的就马上卖出改做空头。满怀希望地继续持有是意义不大的，这只股票不会再升到高位等你卖出。这就好比20世纪的火车，是绝对不会在开出20英里后，又返回中央火车站去接一位未赶上车的乘客的。你必须在他们高喊"所有乘客都上车"时上车，否则你就错过火车，只能等下一班火车，同样的道理，股市也这样。

当然，你必须研究股票，并能够确定大行情开始的时间。一般来说，吸筹或派发结束后，行情就开始了。这时，一两个月内赚的钱会比在股票小幅震荡时做半年赚的钱还要多。

第二篇
如何进行交易

留心小幅震荡和呆滞

剧烈的震荡和大成交量使牛市行情达到顶部。这种情况可能会持续几个月,最后在几个交易量为 200 万到 300 万股的成交日之后行情达到顶部。一旦出现这些迹象,就要谨慎,因为这预示着牛市快要结束了。

熊市气势汹汹地降临,而且还伴随着剧烈的震荡和大的成交量。例如,在 1920 年 12 月 22 日,股票狂跌,成交量达到 300 万股,创下了当年的最高纪录。股市连续下跌了几个星期,成交量也保持在高处,这就是最终的顶部,在这之后,一轮大的反向行情开始了,可是就在这一天,许多股票都被贱卖了。

多年的经验告诉我们,只要在顶部或底部出现了两三百万的成交量,总是标志着转折点的出现。当平均指数中的一只或一组股票保持长时间的小幅震荡且成交量很小时,则表明在这一过程中要么有派发,要么有吸筹,股市的行情即将发生变化。在短短的几个星期、几个月或几年后,要密切关注股市行情的变化情况,从而采取相应的行动。

平均指数——1921 年,铁道股的震荡幅度反映在平均指数上的只有 11 个点,与 1906 年 138 点的高位相比,股市的平均指数跌到了 66 点,这是自 1912 年以来股市震荡幅度最小的一年,这表明了资金正在变现。因为铁路股死气沉沉,所有人都不想对其进行交易,但紧接着,上涨行情开始了。

将铁路股和工业股的行情进行比较，年度平均指数行情变化图1上可发现铁路股和工业股都在1896年创下极端低价。在1930年工业股的底部较高；而在恐慌的1907年中，底部更高一些；1914年大萧条时曾经跌到原来的水平；1917年股价有所提高；1921年只比1917年的底部低了2个点。而铁路股却创下了除1896历年来的最低点。

这显示工业股受到了很好的支撑，与铁路股相比较，工业股更容易迅猛上扬。这些股票的平均指数比1921年的最低点高出了40个点，而铁路股只高出了27个点。这种方法指的是通过比较不同组的股票或个股的平均指数来确定最弱势或最强势股票。

对于许多股票来说，它们到达低位或吸筹后，会在接下来的几个月内略微波动。可一旦突破了这一范围，就会出现较大的动作，你应当注意这种趋势，并采取相应措施。例如：

墨西哥保险箱——其在1918年的2月上扬至98点，然后又下挫到了90点。从这时起一直到当年的5月，成交价格一直维持在90～98之间，然后在6月又上扬到102点，接着又回落到96点，到了7月份，又上扬到103点，到了8月份，成交价格一直在100～102点之间徘徊，而整个月只有2个点的上下波动，创下了历史纪录。股票上扬到顶部而又极不活跃的一个月表明，这是一个吸筹的过程，内情人都开始耐心等待，引诱人们把股票全卖出，在股价大幅上扬之前培养大家大肆做空的兴趣。

因此，这也显示大的行情准备开始了。在9月份，股票回落到98点之后又开始上扬到104点，这也是1917年1月以来的最高顶部。除了仅有的几次小幅回落外,股价一直上扬,直到1918年的10月,股票上涨到了194点。随后,在股票回落到146点后,又不断地提高底部,直到1919年10月最终到达264点。

第13章 股票的不同种类

新股值得一买吗

当公司开始组建，其股票在场外证券市场或纽约证券交易所上市时，一般情况下，该公司的股票都是掌握在知情人和该公司的创办人手中，因此股票是派发给公众的。股票正式上市后的短时间内可能会上扬，这时如果有人想买进或继续持有该股票，那是危险的，因为在这只股票能给他们带来利润之前，早就把他们的老本吞了个精光。

美国钢铁——美国钢铁公司在1901年开始成立时，总共向股市投放了500万股，股价大约为40美元的普通股。股票先是上扬到55美元，可是到了5月9日北太平洋股囤积居奇时，这只股票在不到60天的时间里就下跌到了24美元，在此之后，股价反弹的最高价位是48美元。随后股价开始缓慢下跌，直到于1904年的春天跌到了 8.625 元。在不到一年的时间里，该股股价都在 10～12 美元之间波动，这说明买进的时机到了。因为这已经到了内部人士在提供支撑并回购所有他们曾以 40 美元价格出售股票的价位。

直到 1908 年，该股的股价一直没有超过 50 美元，因此在股票最初发行时就买进并持有的人们就必须等上七年才能保本。此外，当股价接近底部时，他们 75% 以上的资金都成为乌有了。在形势如此不利的情况下，要想继续持有股票，需要人们有坚定的勇气和信念。除了这只股票以外，像这样从派发给公众后就一直没有恢复元气也上升无几的股票还有几只，另有几百只股票要么被贬值，要么早已经消失了。

泛大陆石油——这是又一只在 1919 年让公众损失了几百万美元的股票。泛大陆石油股在 1919 年投放股市的价格是 45 美元左右，到了当年的 11 月就涨到了 62 美元。许多人受到这只股票的诱惑，错误地买进并听说这只股票会涨到 100 美元或更高。但是，由于狡猾的知情人已经把股票悉数卖出，因此，得不到支撑的股票就开始了漫长的下跌。过了一年多的时间后，也就是 1920 年 12 月，股票的卖出价只有 6 美元，如果有人在股价接近最高位时买进，那么他的本金就会蒸发接近 90%。

画一张这只股票的行情变化图，并研究其在顶部和底部的形态。这只股票在 1920 年的卖出价是 6 美元，在 1921 年 4 月上升到了 13 美元，然后在 1921 年 8 月又跌回到 6 美元。这时股票的波动很小，说明在这个水平上卖出结束了，有人正在买进。在 1921 年 12 月，股票涨到了 12 美元，比 4 月份的高点低了 1 个点。然后，到了 1922 年 3 月，股价再次跌到了 7.5 美元，这时股票又变得非常不活跃。这表明股票得到了支撑，股票获利已经彻底变现，此时恰是买进的大好时机。股价从1922年5月份涨到20美元以后，其上升的势头进一步加强。

与泛大陆石油情况类似的股票还有很多。在1919年经济繁荣时期上市的其他新股的命运与泛大陆石油的差不了多少。要始终记住，新股的发售总是在繁荣时期大家都想买进的时候，而且股票总是以高价发行，以便股票在下跌过程中始终可以卖出。所以，买进新股时要特别小心谨慎，股票开始下跌时，应迅速退出转而做空。

还有，当你认为股票已经跌到底部时，要等一等，给股票充分时间来表明其需求是否足以起到持久的支撑作用，或者给股票充分时间来表明其只是达到了暂时底部，几个月后还会跌破这一临时底部。当股票到达顶部或底部时，没有必要急于入市或退出，因为无论知情者是以接近底部的价格买进建仓，还是以接近顶部的价格派发股票都需要相当长的时间。

买进老公司的或上市较久的股票

有时，需要几年的时间来派发大量股票到长期投资者手中。因此，一般的股票可能需要经过很多年（可能从5~10年不等）的大幅度操纵才能全部卖给投资者。之后，如果该上市公司经营良好且赚了钱，股票的震荡幅度就会变小，这是因为投资者持有该股，但没有进行操纵的缘故。

但要记住一件事情，就是股票被投资者持有之后，这种股票对知情者而言，就没有什么价值了，直到他们制造恐慌让投资者卖出股票。这需要很长的时间，因为投资者对股票有信心，他们往往持有某只股票长达几年也不肯卖出。只要该股派发股息，人们就会感到很安全，从而继续持有。

如果股票低于长期的价格水平，卖出就会越来越多，因为股价已得不到支撑。然后股票就会大幅下跌，直到精明的投资者愿意回购为止。这就是为什么在股票从顶部下跌50点时卖空，经常要比股价刚刚下跌10点时卖空更为安全，因为所有支撑都消失了，大家都在卖出，而没有人想买进。这样的例子，我可以举出好几百个，但举几个就足够了。

纽黑文（New Haven）——这只铁路股支付4%~10%的股息大约有30年的时间了。当这只股票都由投资者持有时，股价就会开始下跌。从280美元跌到200美元时，仍然支付股息。投资者觉得可以接受，所以就会继续持有。后来，这只股票在1911年卖出价是150美元时，其仍然支付了8%的股息，投资者继续持有，因为他们觉得很安全，这只股票一直在支付股息。

但是那些不再持有这只股票并且多年以来一直在卖空的知情者却知道这只股票马上就不会再支付股息了。1913年，这只股票的股息降到了5%，股价也因为大量的变现而跌到了66美元。此后，这只股票反弹的最高价位就是1915年的89美元，没有支付1914年的全部股息。虽然不再支付股息，但是许多人还是不切实际、满怀希望地继续持有，而没有卖出。但当股票缓慢下跌时，人们的希望破灭了，开始卖出股票来减少损失。这导致该股在1921年跌到了12美元。

这说明，股票永远不会低到最低，也永远不会高到最高。有多少知道纽黑文卖出价曾经高达279美元的人会在股价跌到50美元时才去做空呢？但在这只股票跌到12美元之前，一直都有很好的卖空素材。即使情况发生变化，股票的卖出价也是相同的，必须根据实际情况来调整。

太平洋联合（Union Pacific）——同样的情况也出现在卖空股票的时候。众所周知，太平洋联合股在1896年的卖出价是3.5美元并且在股价在1899年被估值为20美元，但谁都没有想到这只股票的股价会在1899年升至50美元。因此，他们因卖空股票而破产。在十年之后，股票的卖出价涨到了195.375美元并派发了10%的股息，到了1909年，这只股票的卖出价竟然涨到了219美元。

因此，那些总认为这只股票会以很低的价格卖出的人，由于思路呆板，没能看到哈里曼（E. H. Harriman）会改变当时的情况，他们因逆势卖空这只股票而赔了个精光，如果他们能够顺应趋势而不是对抗趋势，那么他们早就大发横财了。

美国食糖精炼（Am. Sugar Refining）——经历多年的迅猛波动后，这只股票才完成派发，几乎全都由投资者所持有。但在后来的许多年里，这只股票表现平稳，震荡的幅度很小。在1919年时，其股息上涨到了10%，创造了20年以来的最高纪录。然而，即使在经济高涨，糖价上升很大时，这只股票也没能接近在1898—1906年间被炒作及派发时出现的高价位。

在1921年，不再支付全部股息，而且股价也跌到了47.625美元。当然，大家都知道这只股票在没有预警的情况下突然崩盘了。这时你可能会问：投资者如何知道何时卖出才能保全自己的投资？

我们认为，没有任何迹象和警告让他们在1919年时以高价卖出股票。但是，必定会有一个位置使股票下跌到某一表现出弱势并失去支撑的水平。

在充满恐慌的1914年，该股的最低价位是97美元；到了1915年最低价是99.5美元；1916年最低价是104美元；1917年又出现了另一轮的股市恐慌，该股的最低价是89.125美元；1918年最低价是98美元；1919年最低价是111.25美元。应注意的是，从1914年到1919年，该股在97美元左右得到了支撑，而1919年的最低价是111.25美元。但是到了1920年，一开始的卖出价是142美元，所有情况看起来都没有什么异常，可是股价在跌破了1919年的支撑价位111美元后又跌破了1918年的支撑价位98美元，这充分地证明股价没有了支撑，投资者应当卖出。如果投资者还想回购这只股票，当然还是有机会以低出50多点的价位再次购回的。

因此，买进时一定要了解股票是否是刚上市的原始股，当股票被投资者所持有，且因为公司历史悠久而失去活力时，也要当心。通过行情波动来赚钱或者说增加利润的时机在于股票的派发期，派发期的长短从一年到五年不等，有时候甚至更长一些。如果你错过了股票的派发期，那你就必须寻找更为活跃的新股了。

市场的行情变化是由人推动的，因此它们体现了正确人的心理活动，比如：跟老人相比，小孩一般更活跃，动作也更灵敏，但他更会犯错误，起伏也更大。而老人一旦走上下坡路，年龄就成了他的负担，几乎不会再有机会恢复或是上升了。同样的道理，老股票就像老人。因此，要始终买进或卖出自己中意的股票，也就是那些极为活跃，具有极大震荡幅度且成交量很大的领头股。

用低价股来卖空

要时刻记住,买进和卖出是同时存在的。不要忘记这样一个事实——无论股价高低,股票的数量都不会发生变化,总会有人持有某个公司的现有股本。例如:

美国钢铁(US Steel)——1904年5月,该股以历史最低价8.625美元卖出时,股票总量是500万股。到了1917年5月,当该股以历史最高价136.625美元卖出时,其总量还是500万股。但是持有者完全不同。股价在底部时,拥有股票的是知情人;而股价在顶部时,买进的就是局外人了,因为该股那时支付的股息高达17%。当股票不再支付股息时,卖出价就达到了最低点。

大部分公众都选择买进低价股,因为他们认为这些股票将会下跌,并希望这些股票因为股价很低而能够上扬。当然,这是错误的判断,并没有基于可靠的依据。大多数时候,股价低价卖出时就已经不值钱了,其实际价值可能低于卖出价。当股票以高价卖出时,其本身就值那个价,或者说能值那么高的价肯定有充分的理由。

大部分的公众都有喜爱低价股的习惯,正是因为他们的买进操作,才会让集合基金和知情者得以卖出。当然,因为不存在支撑,所以这些股票就随即就会下跌。已经全力买进的公众再也没有能力继续买进。价格狂跌,最终恐慌的公众会在股价接近底部时卖出了。通过卖出受到公众青睐且具有长期利益的低价股来进行卖空交易,总能赚到大笔的钱。比如:

南方铁路（Southern Railway）——从 1901 年到 1920 年，这只股票受到整个南方交易者的追捧。该股每次上升到 30 美元以上时，投资者就会大做多头，期盼股价能够达到 50 美元或者更高。每当公众大量买进时，那都是最好的卖空时机。

伊利（Erie）——也是一只公众总是满怀希望买进、却常常在相对低位存在着卖空时机的股票。它的特点就是总是下跌，直到公众厌烦它们并以接近底部的价格将其卖出。

低价股下跌的比例常常比高价股下跌的比例更大。因此，为了安全起见，最好用中低价股来进行卖空交易，因为这些股票很少反弹。

买进高价股

当一只股票开始从正常价位（如 100 美元）上扬时，每上涨 5~10 个点就有大量的卖出，因为有不少人认为价值已经够高了，这时候卖出一定有利可图。如果该股继续上扬，那么大多数公众就会选择卖出。接着，专业人士和公众就会觉得股价过高而开始卖空。他们都希望股票早日回落，但他们的希望落空了，因为股票并没有下跌反而上扬，直到所有空头受到重创而平仓出逃。

许多人看到股票从 100 点上扬到 200 点后，都深信股票会继续上扬，于是就都买进。结果是，高位成了弱势的多头，空头随后出现，最后股价自然开始了长期的下跌。经常有些人原本认为 110 美元的股价就过高了，可当股票从 200 美元跌落到 180 美元时，他们却认为180美元的股价非常便宜。当所有人都退出时，你可以通过买进高价股来赚大钱，因为人们都认为股价足够高而即将回落了。

因为以上原因，股票会在低价位处止步不前并出现回落，但在高价位处则更快地上冲而回落较少，原因是股票被吸纳导致其卖出的压力不复存在了。当然，因为不少人买进股票是为了以好价格将其卖出，因此所有股票最终都肯定会到达开始派发且供过于求的水平。只有在股价非常活跃的牛市最后阶段时才能赚大钱。而对于做空的人来说，要想赚钱，就等到熊市的最后阶段，因为那时卖出的人数量疯狂上涨，而几乎没有人想买进。

应对不利股票的唯一办法就是退出交易

对于那些有10多年股市交易经验的交易者，只要认真分析自己的交易过程，就会发现一些股票无论自己怎么操作都赚不到钱。不是介入得太早就是介入得太晚，不管是做多还是做空，结果总是蒙受损失，而别的股票似乎总是很受他的青睐，以至于他把这些股票都当作宠物来对待。这其中必然有着某种原因，因为凡事都有必然性，所有的事情都是原因引发的结果。如果你发现股票并没有按照你希望的方向发展，就不要再持有这只股票，退出交易，只持有那些对自己有利的股票。虽然我可以向你解释其中的原因，但我认为没有必要那么做，因为即使解释了，也仍然有很多读者不会相信。

通过自身在交易方面的经验和对事情前因后果的分析，就能发现这些事情的原因所在。多年以来，我一直钟情于墨西哥保险箱，因为这只股票让我赚了不少的钱。由于我对该股的预测非常准确，全国各地订阅股市信件的人们都把我称作"墨西哥保险箱的专家"。

对于这只股票的上下震荡，我所预测的准确率高达90%，就好像这些上下波动的行情是我造成的一样。对于一些其他股票，我也可以预测得跟这只股票一样准。但另一些股票则对我不利，我也未曾从这些股票中获利。无论你是否知道起作用的内在机制，一旦行情不利于你，唯一的方法就是退出。

第14章　学会正确看盘

如果你看盘时，除了紧盯大盘外，不做其他任何事情，那么就是错误的。你应该记下当天的股票价格和成交量，从而绘制出行情变化图，在不受谣言、流言蜚语、报告或是大盘出现的仅仅历时半个小时或一个小时波动的影响下，来判断行情变化图。无论是大行情还是小行情，一旦形成最终的顶部或底部，在行情开始前，其都会通过在底部或顶部的成交量和所消耗的时间显著地表现出来。

一只股票在上扬之前一般都会出现几次调整，但如果股票想一路上涨，那么随后出现的每一个底部和顶部一定会升高，直到股票最终达到一定的价位，使卖出价非常强劲，那时，股票的供给远大于需求从而导致其不能完全被吸纳，随后，就会出现一次回调，该股的股价有所下挫，再度形成供不应求的局面，然后股票的走势就开始上扬。

斯图特贝克（Studebaker）——请看行情图2，斯图特贝克股在1920年9月到1923年1月6日每周峰值和每周谷值的股市行情变化图。在1920年9月25日，该股股价从66美元的价位开始下

第二篇
如何进行交易

挫，然后在当年 10 月 2 日跌倒了 54 美元，在当年的 10 月 9 日的那个星期内股价反弹到 59 美元。在随后的四个星期内，该股的股价保持在原位而没有上涨。这表明股票供大于求。11 月 3 日，股价开始下跌，到了 11 月 8 日，股价跌破了 10 月 2 日的低点 54 美元。这说明，走势又向下了。

在 10 月 9 日到 11 月 6 日期间，股价在 2~3 个点位的幅度内震荡，而每周都会上涨到 59 美元左右。如果你此时紧盯大盘，那就摸不到头脑，因为每次上涨到 59 美元后似乎还要上涨，看盘的人就很难判断出多大的买进数量才可以使股票突破这一价位，当股票达到这一水平时，正确的做法就是卖出并做空，且在比这一点高出 1~2 个点的点位处下一张止损单，然后就等着因供给或需求而迫使价位上涨或下跌了。

在这种情况下，11 月 20 日股票快速下跌到了 41 美元，在接下来的那个星期中，股价又反弹到了 48 美元。此后每个星期都会形成一个更低的顶部和底部。在 1920 年 12 月 25 日结束的那个星期，该股的最高价只有 41.75 美元，而最低价则是 37.75 美元。虽然成交量很大，但是该股的点位比前一周下降不超过 2 个点，并且该股的收盘价非常接近于前一周的最高价，这表明应该选择买入而不是卖出。随后的一个星期，股价上涨到 45.5 美元，高于前两个星期的价位，但是股价从 47 美元上涨到 48 美元时遇到了阻力。截止到 1921 年 1 月 8 日那个星期，股价上涨到了 52 美元并且又继续上涨到 59 美元，而 1920 年 10 月和 11 月形成了阻力位。

斯图特贝克股又从这一阻力位回调到 55 美元左右，在 2 月 19 日结束的那个星期才突破了这一价位，上扬到 62 美元。这表明，

95

走势又转而向上了，如果你已经卖出该股并以 60 美元的止损单做空，那么就应该已经平仓，并在股票突破该价位时转而做多。

注意，该股在三个星期中有小幅震荡，但没有下探到 58 美元以下。然后，股价又开始上扬，并在 4 月 2 日达到 80 美元，比上一次高位还要高。然后，股价又从 80 美元回调到 72 美元。但在接下来的那个星期，其在更高的价位处得到了支撑，随后该股每个星期都继续上扬，直到 1921 年 4 月 30 日结束的那个星期上涨到了 93 美元且成交量达到 359760 股。在 5 月 7 日结束的那个星期，该股在 92.5 美元到 87 美元间盘整，成交量达到 227300 股。

现在应注意到，从该股在 1920 年 12 月 25 日结束的那个星期构筑了 37.75 美元的底部开始，每一次的反弹都是从更高的底部开始启动的。这表明，买进比卖出好，且该股仍然没有达到供大于求时的水平，直到其上涨到 93 美元。这时，大量的成交表明卖出已经足够阻止该股上扬了。注意，在 1921 年 5 月 9 日开始的那个星期，该股的开盘价是 86 美元，跌破了成交量较大的前两个星期的价位。这第一次表明了走势已经改变，你应该卖出并做空。

这一次上扬涨了 55 个点，历时四个多月。在这期间，每周行情变化图显示走势一直没有什么变化，但在这期间，如果你经常看大盘，就会发现，有几十次卖出做空并损失财富的可能。这是为什么呢？这是因为历时半个小时、三个小时或三天的下跌行情会让你错认为走势已经发生了变化。

斯图特贝克股走势转而向下后，股价狂跌，直到 1921 年 5 月 28 日的那个星期，股价跌到了 70 美元。之后，你会发现其连续三个星期或四个星期都有小幅的震荡，但只下跌了不到 2 个点，低于该价位。这表明股票获得了支撑。随后，在 7 月 9 日结束的那个星期，股价反弹到 82.5 美元，在这一价位维持了几个星期之后（显示该股再次面临大量卖出的状况），走势再次下跌，并在 8 月跌到了 64.75 美元，接着股价强力反弹，并在 9 月 10 日达到 79 美元，然后在连续五个星期或六个星期缓慢下跌到 70 美元，此后，在接下来的六个星期或七个星期中，该股的成交量很小，震荡幅度也只有大约 4 个点。

最后，在 1921 年 12 月 10 日结束的那个星期，该股的股价打破了 9 月 10 日形成的价位，但是在 7 月 9~16 日曾经达到的 82 美元左右停止了继续上攻。随后，上扬开始了。长时间的小幅震荡证明有人在建仓，股价继续上攻，阻力位一再上扬，直到 1922 年 4 月 22 日该股的股价达到 124.5 美元。股价在迅速回落到 114.25 美元之后，又再度抬升到高于先前的 125.875 美元，比先前的价位还要高，但随后股价小幅下挫且交易量很小。在 6 月 17 日结束的那个星期，股价下跌到了 116.625 美元，并再次获得比在 1922 年 5 月 13 日形成的最后价位 114.25 美元还要高的支撑。

接下来，交易量增加，大幅震荡开始了，股价在 1922 年 7 月 19 日上扬到 139.375 美元，在这之前的两个星期里，该股的成交量达到了 40 万股。此外，股价从 116.625 美元升至 139.375 美元的总成交量达到了 160 万股，几乎相当于已经发行股本总量的三倍或是流通股总量的五六倍。这清楚地表明该股正在派发，公众在大量买进，而知情人却在卖出。

在 1922 年 8 月 12 日，该股的股价下跌到 123 美元，但成交量只有 11 万股。随后的一个星期，股价的震荡幅度只有大约 4 个点，成交量只有 4.6 万股，这表明了卖出的压力仍然不够导致大暴跌。在 9 月 30 日，股价先是上升到 134 美元，随后再次下跌到 123.75 美元，但仍然没有跌破 8 月 12 日的价位。

在此之后，股价开始快速上扬，并在 1922 年 10 月 14 日结束的那个星期上涨到了 139.375 美元，这是 7 月 19 日曾经到达的价位。这个星期的成交量是 20.5 万股，这表明有人正在卖出，你此时应该卖出股票并转而做空，同时在比原有价位高出 1 个点或 2 个点处下止损单。在接下来的那个星期，成交量达到 24.2 万股，且股票下跌到 129 美元。这清楚地表明，卖出多于买进。股价继续下跌，但在大约 123 美元到 122 美元的价位上遇到了顽强的阻力，这种情况持续了两个星期。

最后，在 1922 年 11 月 25 日结束的那个星期，股价狂跌到 116 美元，并在 11 月 27 日的那个星期一进一步下跌到了 114.25 美元，这与 1922 年 5 月 13 日调整时的最低价位相同。到了这时，一直站在股票行情自动收录机旁紧盯着大盘的人，可能已经不记得 114.25 美元曾经是该股在 5 月 13 日的最低价位了。也就是说，这一价位曾经是该股获得支撑的价位，该股正是从这一价位止跌反弹、不断创出新高的。但是那些把大盘记录绘制成股市行情变化图的人们一定会紧盯着这一点。当该股股价达到 114.25 美元时，从大盘可以知道，该股被大量成交。这清楚地表明，这一价位就是支撑价位。在这一价位上，就应当买进股票，并在比原来 114.25 美元的阻力位低 1 到 2 个点的点位处使用止损单来避免损失。

在 1922 年 12 月 2 日结束的那个星期，股价反弹到 123.75 点，成交量达到了 24 万股，这表明，这时候最好买进而不要卖出。注意，此前两个星期的最高价位是125.5美元。在12月9日开始的那个星期，该股表现得很活跃，并且成交量也很大。股息达到25%，股价上涨到134.25美元，这一星期的成交量达到50万股。而这50万股的成交量也是从1920年12月该股以37.75美元的价格卖出以来最高的单周交易量。这清楚地表明，公众正在大量买进，该股正处于活动剧烈的高涨期，这几乎标志着涨跌行情的结束。

股价继续攀升，并于1922年12月27日，仅在其派发股息前的两天就达到新的高位141.75美元。在12月30日结束的那个星期，成交量达到了24万股。在派发以前的股息后，该股的股价下跌到了110.375美元，然后在1923年1月2日又反弹到119美元，如果把支付25%的股息考虑在内，这一价位就相当于148.75美元了。

在1922年5月13日和1922年12月30日期间的成交量超过了700万股，股票的震荡幅度从114.25～141.75美元，这是由交易量造成的。在该股股价达到100美元以上后，股本在27个点的涨跌范围内易手15～20次，这恰恰说明该股正在派发，股票将开始长期下跌的趋势。所以，投资者非但不应由于该股支付10%的收益并宣布25%的股息就买进这只股票，反而应当卖出并转而做空。

现在，问题在于如何判断该股在1923年1月的趋势。在上扬到119点之后，该股就开始下跌，这时应该卖空，并在120～121美元之间的价位处下止损单。114美元的阻力位被打破之后，股票的趋势看跌，当股价跌破其在1922年12月29日的价位110美元时，该股处于一种弱势地位。这时候，就应该对这只股票继续进行杀跌，直到出现支撑信号（包括成交量和时间因素）。这里所说的时间因素，指的是该股必须在一个阻力位上维持几个星期而没有破位。派发斯图贝特克股所需要的时间是 8 个月左右（从 1922 年 4 月到 1922 年 12 月）。注意，建仓的最后阶段，股票卖出价在 65 美元左右，并且股价在 65 美元到 80 美元之间摆动。建仓大约历时 6 个月（从 1921 年 7 月到 12 月）。该股从 1921 年 8 月 25 日的最低点位攀升了 76 个点，如果把股息计算在内，股票大约攀升了 84 点。

这一规则和推理过程也可以运用于任何你希望判断其趋势的股票。在建仓或派发期间，初次看盘的人一般会犯几十次的错误，认为这时应跟进那些小行情。因此，正确的看盘方法是绘制一份反映三天到一个星期的股市行情变化图并记录成交量。当然，你必须考虑到该股已发售股票的总数和流通股的供应情况。再次要强调的是，要想正确解读大盘，你完全没必要从早到晚紧盯着大盘。

第15章　行情何时结束的最终信号

大盘所揭示的真相不可能在短时间内一下子全盘托出。从一只股票进入买进阶段或卖出阶段的第一天起，大盘就开始揭露其背后真实的情况，但要全部揭示出来，需要一段时间。汇总所有事实、完成建仓和派发，然后最后发出新一轮行情出现的信号，也都需要一段时间。股市行情变化图3揭示了美国橡胶股（U. S. Rubber）的峰值，这是一个重要且有价值意义的例子。

美国橡胶（U. S. Rubber）——1919年6月，美国橡胶股上涨到138美元，接着又回落到了124美元，然后又反弹到138美元左右，当年8月份之前一直保持在这一价位上下，这表明，卖盘压力已经足够阻止其继续上扬。到了9月，该股股价就下跌到了111美元，并在10月反弹到138美元，于11月反攻到139美元。当月，该股跌到了113美元，并在比9月的谷值高2个点的位置获得支撑，随后，该股在12月反弹到138美元。在1920年1月，该股的股价又上涨到143美元，也就是说，其比1919年6月创下的最高价位还要高出5个点。

然而，创下的新高明显表明该股股价将要上涨，但是在股价上涨到新的高价位后，如果其还要继续上涨，那么就会保持这一势头而不会跌破原有的峰值价位。但在这个例子中，美国橡胶（U. S. Rubber）在几天内就跌到了 136 美元。这表明，卖家在大量抛出，新的高价位是以做空和外界买进为代价的。1919 年 6 月开始的卖出仍在继续，有人在不断供应股票。

1920 年 2 月，该股的股价迅猛下挫，当该股跌破低于上一个支撑点的 112 美元时，表明已经完成派发了，一轮大的下跌行情将要出现。在此之前的 1919 年 6 月，当美国橡胶（U. S. Rubber）的股价从 1917 年 12 月的 45 美元上涨后，即表明该股的股价到了开始大量卖出的价位。但是，大盘仍然没有显示出这种卖出结束的时间，也没有告诉人们具体什么时候可以派发完全部股票。到了 1920 年 2 月，就能够透过大盘看出全部的情况了。这时，该股已经跌破了 112 美元且一下就跌到了 92 美元，此后，股价再也没有反弹到 115 美元以上，直到 1921 年 8 月，该股的股价最终跌到了 41 美元。在股价下跌的过程中，伴随的是大盘在承受压力，而且该股票不断走出更低的顶部和底部。大盘一直在逐渐地显露出行情的真相，但这并不意味着直到 1921 年 11 月才宣布卖出结束，此后，在小幅震荡三个月后，股价又开始上扬，并再次达到新高。

从这可以看出，任意一次大幅上扬或下跌后，要弄清下一轮大行情什么时候开始是需要时间的。如果有人每天都想从大盘上解读这些信息，那么就会一次次被愚弄。因此，在断定大趋势已经发生变化、重要行情已经开始之前，必须耐心等待，直到获得明确指示为止。公司的股本越大，已经发售的股票越多，完成吸筹和派发所需的时间就越长。要判断是在吸筹还是在派发，就必须考虑到时间的长短以及股票从其高位或低位上攻或下跌的总点数。

在美国橡胶从其最低点位上扬了100点并在同一高位处对其进行八个月的调整，而且经历了1919年11月令人恐慌的下跌后，人们从中可以清楚得知，牛市已经结束。你不能指望美国橡胶再创新高或继续上扬到更高价位。但在做空之前，应该耐心等上几天，看价格是否能得到支撑。了解每天的最高价和最低价、每个星期的高低位行情变化图和总成交量，有助于判断虚假行情出现的时间以及趋势何时发生转变。因为这种上探新高的行情会导致空头平仓，从而与那些在技术层面上处于弱势的股票有很大差别。

吸筹与派发的时间阶段

如果一只股票吸筹或派发需要几个月的时间才能完成，那么吸筹或派发两者之间的过渡还需要花上几个月的时间。不是所有股票在第一次反弹时就应卖出，甚至也不是在第二次或第三次反弹时就应卖出。不断的买盘将使市场获得支撑。然后，直到派发完成之前，根据股票的种类，股票会摇摆不定，出现小幅或大幅震荡。

同样的状况也发生在股票开始下跌时，需要很长的时间才能让人们确信，在一只股票以140美元卖出后，其正在下跌100个点。当股票下跌10个点时，一些人会选择买进，而其他人则会在股票下跌30个点、40个点或50个点时才买进，这些人认为股票很便宜，因为他们总是记得先前的卖出价格是140美元。结果，当这只股票继续下跌时，他们都开始恐慌起来，并全部抛售，这会导致股价最后一次狂跌 10~30 个点。

只要人们学会观察和等待，他们就可以赚到很多钱。但很多人赚钱的性子太急，结果这些人都破产了。他们只是凭自己的期望买进，而不是任何合理的理由。

第三篇
如何确定股票的行情走势

读书时不可存心诘难作者，不可尽信书上所言，亦不可只为寻章摘句，而应当推敲琢磨。

——弗朗西斯·培根

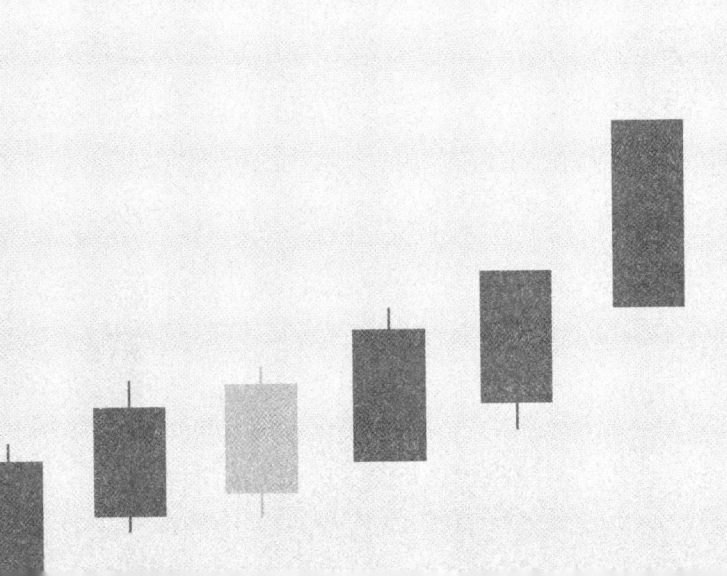

人们只有通过买进和卖出才能获得利润，也就是说，必须在恰当的时间买进和卖出，此外，还必须特别留意开始交易以及结束交易的适当时间。如果只知道适时介入而不知道适时退出，那也是毫无意义的。必须根据股市的情况和你想要买入并进行交易的个股行情，来判断买进或卖出的适当时间。在牛市行情即将结束时，你可以通过买进一些股票来获得利润；而对于另外一些股票，则只能等到熊市股票价格大幅震荡结束之后进行卖空交易才能赚到钱。

千万不要仅仅因为其他板块的一些股票价格上升，就任意买进某板块中的一只股票。也不要因为该板块中的某一只股票开始下跌，就匆忙卖出同一个板块中的另一只股票。分析一下你打算交易的那只股票的行情，弄清楚吸筹或派发是否已经完成。在行动前，要好好想想，三思而后行。买进之前要审查一番。切记：安全总比后悔强。与其满怀希望地持有并在最后不得不承担巨大损失，还不如承受小损失，但能快速逃脱好。

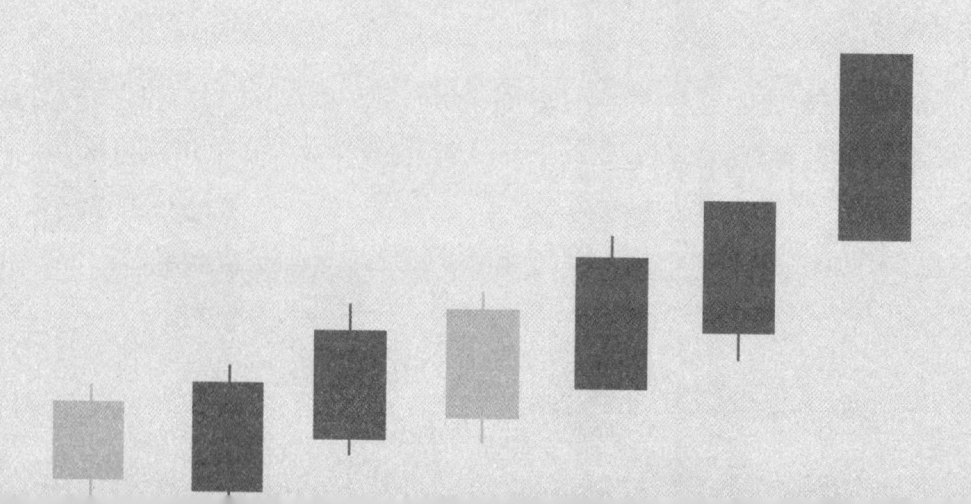

第16章　不同板块的行情走势

密切关注不同板块中股票的行情走势非常重要。要想在股市中获利，就必须与时俱进、紧跟领涨股。要做到这一点，就得从每个板块中选出几只股票，并将这几只股票的月度最高价位和月度最低价位标记在股市行情变化图上，同时还要绘制出不同股票的年度行情变化图。历史记录越多，就越能准确地判定一个板块的行情走势。

多年以前，运输和铁路股是领涨股，后来铜业板块活跃起来，在那以后，汽车、橡胶和石油成了领涨股。当然，每隔几年各种矿业股就会出现一次一定程度的繁荣，然而这恰恰是你必须密切注意的股票类别，因为它们也许是所有股票中最不确定的。

在过去几年中，紧盯着铁路股的人没有赚到多少利润，因为在铁路股上几乎没有什么赚钱的机会。汽车、橡胶和石油股一直都在剧烈震荡，这都是赚大钱的良机。

铁路股已经过时，这类股票在将来也不会赚到很多钱了。汽车行业竞争激烈，但这个行业的竞争最终总会变得平缓，投资于这个行业虽然不能赚大头，但也会有一定的回报。因此，你的头脑要非常清醒，要重点关注那些引起剧烈震荡、吸引投资者并提供非比寻常机会的新股。

你必须关注那些发展迅速的新兴行业，投资这样的投票，很多人就是这样用汽车股替代铁路股而大赚。那些在1916年卖出铜业股并在1918年和1919年大做石油股的人也都发了财。

根据我的判断，做飞机股和广播股的人会在接下来的几年中大发横财，就像当初人们大做石油股和汽车股一样。化工股在将来也能提供发大财的极好时机，因为自战争爆发以来整个国家在化工方面取得了巨大的进步，化工方面的业务量大大增加。

为了赚取极大利润，交易员需要很大幅度的震荡，只要每年股票的震荡幅度在20~100点之间，那么无论是做空还是做多，人们就一定能够赚取一些钱。但是如果股票每年的震荡幅度只有5~10个点，那么你获得大利润的机会就会很渺茫。

铜业股在1916年达到了多年来的最高点。但是在1919年当石油股和工业股达到历史最高点时，铜业股不过是略有反弹而已。在这以后，铜业股逐年看跌，一直到1920年和1921年情况才有所恢复。如果把这一板块和一些领涨股的行情绘制成图，就可以判断出，铜业股在1919年之前已经被大量派发，是因为它们没有反弹到1916年的水平。所以，这些长期下跌的股票就成了很好的卖空题材。

第17章　确定股市的总体走势

在大盘中，总有某个个股板块的涨跌趋势与总体的相符合，而其他板块则会长期与总体趋势相悖而行。道琼斯20只铁路股和20只工业股多年以来一直都代表主要趋势。但是，因为在纽约证券交易所上市的股票数量已经从100只增加到了700多只，所以自然就会有大量股票的个股走势与股市的总体趋势不一致。因此，需要抛开股市总趋势来对个股进行专门的深入研究。

1922年10月~11月期间股价的下跌就是以上所述的典型例子。当诸如鲍德温、克鲁塞波特钢铁、斯图特贝克和美国钢铁等活跃的领头股都狂跌不止时，大陆罐头（Continental Can）股的股价却不断攀升。股市行情变化图4反映的就是大陆罐头股在当时的情况，从中可以看出，其行情走势与鲍德温机车（Baldwin Locomotive）等股票的差别巨大。该股已经上扬到新高，而局势清楚地表明，其会继续上攻，这种趋势和总体的趋势明显不同。在谈到滞后股和那些在吸筹或派发最终完成之前和之后停止变动的股票时，我就已经解释过这种现象了。

假如你在1922年11月股价狂跌时大量抛出鲍德温机车、克鲁塞波钢铁和其他领头股，那你肯定可以赚取一大笔利润，其实当时你如果买进大陆罐头股也可以赚取一大笔钱。许多交易员都傻乎乎地卖出大陆罐头股，因为这只股票看起来很高，且其正在上扬，同时也并没有派发股息。他们这么做这就直接违背了我所说的"卖出弱势股，买进强势股"的规则，而这条规则是针对具体个股的趋势来说的。只要你密切注意每日的最高价和最低价，以及每个星期和每个月的股票行情变化图，就能够断定每只股票行情走势由强转弱的具体时间。

第18章 如何判断强势股

要想选择准确的时机买进股票,就要选择某个板块中走势最强的个股,因为走势最强的个股在牛市来到时自然就会领涨,而走势最弱的个股在熊市来临时肯定会领跌。

斯图特贝克

假设你在1920年或1921年观望等待买进一只汽车股。注意,斯图特贝克在1917年的最低价位是34美元,到了1918年,其最低价位仍然是34美元,1919年的最高价位是152美元。1920年12月,该股股价跌到了38美元,保持在1917年和1918年支撑价位的4个点位之上。这种情况表明,该股此时的走势依然很强。可是,整个汽车股板块在1921年的春季并没有明显的迹象表明其已经触底了,但斯图特贝克却带头上涨了。

1921年4月,该股的股价达到了93美元,然而,接下来的5

月到8月期间，股价一路下跌，所有汽车股全部创下新低。即使在大盘最终跌至谷底的1921年8月，斯图特贝克仍然保持在65美元，比其在1920年12月的最低价位还高出27个点。而其他汽车股的股价全都低于1920年或1921年年初的卖出价。这清楚地表明了斯图特贝克获得了强有力的支撑，否则，该股不可能在其他股票受损时反而创收了27个点。

该股连续几个星期都在65~72美元之间具有小幅震荡，这明确显示其得到了良好的支撑，正在吸筹。假如你一直在等待买入时机，那么现在时机已经成熟了。在那以后，斯图特贝克一路飙升，每个月的顶部和底部都在攀升，如同股市行情变化图2所表示。

1922年5月16日，该股调整的最低价位是114.25美元；1922年6月12日，该股的最低价位是116.625美元；随后的8月11日，调整的最低价位是123美元；1922年9月29日，该股的最低价位又回到了123.875美元，说明底部还在攀升；在1922年11月27日，该股的股价下跌到了114.25美元，这个价位也是1922年5月11日和16日的支撑价位；到了12月，该股从这一价位反弹到了全年最高的141.75美元。

1922年11月，该股公布其股息为25%。由于该股在当年6月已经派发10%的股息，因此除了额外的1.5美元的分红外，可以认定这是该股早已经贴现的最后一条利好消息。在该股于1922年12月除息之后，股价跌到了110.375美元，跌穿了此前所有的支撑价位，说明趋势已经转而向下了。因此，一出现反弹就应该卖空。在该股开始长期下跌之前，其几个月内都保持处在派发的区域的，这时大盘非常清楚地告诉人们，这只风光的股票即将转而下跌了。

第三篇
如何确定股票的行情走势

铁路股

在股市行情变化图 1 中，显示了 20 只铁路股的年度峰值和年度谷值，从中可以注意到极高的价位出现在 1906 年。1907 年的恐慌后，到了 1909 年这些股票出现反弹势头，其涨至比最高价位低几个点的价位。在此之后，这些股票继续走低。在 1916 年和 1919 年，当工业股创下历史最高点时，当时的铁路股只有微小的反弹。事实上，在 1916 年的反弹之后，铁路股的顶部和底部都在逐年降低，直到 1921 年 6 月才结束。

通过股市行情变化图，你可以看到铁路股的平均指数在 1921 年 6 月见底之后，就转而上扬，并在当年的 12 月份到达 77 美元，这也是当年的最高价位。在 1922 年 1 月，这些股票调整到了 73 美元。然后，在 1922 年 3 月，其上扬到了 78 美元，这比 1921 年的价位还要高，而且这也是 1916 年以来平均指数第一次在年度股市行情变化图上形成更高的头部。事实上，1916 年的反弹只比 1915 年的最高价位高出 4 个点。铁路股的大趋势从 1909 年到 1921 年一直都在下跌。因此，最后这些股票都创下了新高，确切地说明行情已经发生了转变，这些股票正在上扬。1922 年，这些股票的平均指数升到了 93 美元。这时，它们在与 1918 年和 1919 年相同的高价位处遇到了阻力。

现在，假设 1921 年你知道铁路股在某段时间内要触底，并且你正在观望，准备买进最强的股票。这时，你可以参看纽约中央公司的股市行情变化图5。

纽约中央公司

这是一只老股票，你可以查找到该股多年以来的交易记录，从而了解其是如何建立吸筹区域和派发区域的。在1893年，该股的最低价位是90美元；在1896年，其最低价位是88美元；在1907年，其最低价位是89美元；在1908年，其最低价位是90.125美元。这显示了该股在88~90美元之间有强大的支撑，即使在持续15年的恐慌萧条时期，该股在这一区间上下也一直有人买进。

在1914年，该股跌破了88美元，并一路下跌到77美元。这表明该股所获得的多年支撑已经不存在，同时暗示该股即将开始持续下跌，应对其进行卖空操作。在再次买进之前，你应该寻找新的支撑价位。

在1917年，铁路股一举跌破了股市恐慌的1914年和1907年的股价。事实上，平均指数创造了近20年来的新低。由于战争爆发，联邦政府不得不接管铁路来处理战时业务。

在1917年12月，纽约中央公司跌到了63美元的最低价；在1920年2月的最低价是65美元；但到了1921年6月，该股有一次以65美元的价格卖出，这表明该股在四年中已经在同一水平上获得了支撑。然而，在1920年到1921年期间，南太平洋公司（Southern Pacific）、大北方Pfd.（Great Northern Pfd.）、北太平洋（Northern Pacific）、诺夫科和西部（Norfolk & Western）、密苏里太平洋（Missouri Pacific）、瓦巴西 Pfd. A（Wabash Pfd. A）以及其他铁路股都创下了多年来的新低。尽管铁路股的平均指数已经比1917年恐慌时期的股价低了几个点，但纽约中央公司的股价并没有下跌。你应该买进，因为这是又一次赚钱的良机。但应当在比原有价位63美元低3个点的位置处止损。

该股在1917～1921年期间的最高价位是84美元。在65～75美元之间完成吸筹后，该股在1922年4月上冲到84美元的价位，这明显地暗示股价要大幅上升。如果你想进行金字塔式的交易，就应当在此价位继续买进。在1922年10月，该股上扬到101美元，此时派发开始，然后其底部开始下降，这表明情况已经转而向下。

圣保罗（St. Paul）——该股也是一只在1909年到1921年间逐年下跌的铁路股。有迹象表明，该股已经吸筹有一段时间了。在本书写作时，普通股和优先股都处于上升的趋势。

洛克岛（Rock Island）——该股在1917年创下了16美元的低价，随后股价每年都上涨。注意该股在1922年领涨和再创新高的方式，这也是选择将要对其进行买进操作股票的方法。当股市的走势发生逆转时，那些在萧条年份不但不跌反而底部不断抬高的股票一定会带头上攻。

南方铁路（Southern Railway）——该股目前走势强劲。自从1913年以来，该股底部的价位不断抬升，这表明该股股价将会继续攀升。

联合太平洋（Union Pacific）——该股在恐慌的1907年，其最低价位是100美元；在1917年的最低价位是102美元。你有机会以原支撑价格买进该股。1920年2月，该股的最低价位是110美元；

在1920年6月，该股的最低价位是111美元，并且得到支撑，将继续升高，可以选择买进但需要在110美元处设置止损单。

从中你可以看出，在1907~1921年期间股价每次大幅下跌时，联合太平洋都能得到越来越高的支撑，而其他铁路股却连年创下新低。这表明其处在弱势，且没有更多的支撑。在1922年9月，开始派发时，联合太平洋反弹到了154美元。

买入价和卖出价

应当根据同样的标准来运作同一板块的股票，从而确定该板块中哪一个个股走势最强哪一个个股走势最弱。当你查看一只股票多年来的交易记录时，只需分析该股在极度恐慌的年份里获得支撑的价位以及在股市繁荣的年头遭遇阻力的价位，就能轻易地确定买进或卖出该股的安全价位，同时把风险缩小到2~3个点。

美国罐头（American Can）——该股在1914年7月的最低价位是20美元；到1915年10月，该股的股价攀升到了68美元；1916年，又下跌到51美元；随后，该股又攀升到同一个顶部68美元，并在这一价位上停留了几个月，一直没有继续上扬，这就给了你一个全部抛出转而做空的机会。该股在1917年股市因恐慌而崩盘时曾跌到30美元；到了1919年9月，其又攀升到68美元，在该价位又停留了近两个月的时间，一直没有创出新高。这又是一次抛售该股转而做空的机会，但需要在比原来价位高3个点的位置止损。

在 1920 年 12 月，该股下跌到 22 美元，比 1914 年的支撑价位高出 2 个点；随后，该股股价反弹至 32 美元，但在 1921 年 6 月，股价又跌至 24 美元并在这一较高价位获得支撑。此后，股价连续四个月都在 24 美元到 29 美元之间小幅震荡，这清楚地说明了该股正在吸筹，因此你可以在此价位再次买进。

在 1922 年秋天，该股一举穿透了 68 美元这一原有阻力位，这说明股价在继续上扬，是到你买进的时机了。

美国机车（American Loco）——1920 年 12 月，该股最低价位是 74 美元；1921 年 5 月，其反弹至 91 美元；1921 年 6 月，该股跌至 74 美元并在该价位获得支撑，这是又一个买进该股的机会，但应在原价位下止损单。1922 年 4 月，该股涨到 117 美元，这是该股于 1919 年 10 月达到过的最高价位。这时，应该全部抛售并做空，在 120 美元或者说在比该股的高位高 3 个点的点位处止损。该股随后跌至 109 美元，并在此价位上小幅震荡了几个星期，却没能够跌破 108 美元的支撑价位，即该股在当年的 3 月和 4 月达到的价位。

1922 年 8 月，该股上涨到 118 美元，穿透了多个原有价位，这表示该股的股价将继续走高。1922 年 10 月，该股股价攀升到 136 美元，此时，该股遇到大量抛售，趋势急转直下。1922 年 11 月，该股跌至在 1919 年 10 月、1922 年 4 月和 5 月曾先后三次形成阻力位的 116 美元。当一只股票第一次回调到以前的高位时，受到了极大的支撑。只要该股价一直位于原来的阻力位以上，就可以认为其主流趋势是上涨的。

第19章　如何判断个股处于弱势走势

你应该找出走势最弱的那些股票。因为在熊市中,做空这些股票非常安全。首先显示弱势的那些个股自然在熊市中领跌。当股票显现下跌的趋势,且股票已经下跌有一段时间后,接下来就会出现更大幅度的下跌,跌破重要的支撑点。

工业酒精股

1915年1月,该股开始从每股15美元的低价位上涨;1916年4月,该股涨到170美元,又于1917年攀升至171美元;1919年5月,该股再次上攻到167美元的价位;1919年8月,该股跌至120美元;同年10月,该股最后一次上攻到了164美元。注意,在股市行情变化图6上,167~171美元之间的卖出价持续了足有四年多的时间。

现在,请注意一下支撑点位。1916年12月,该股处于低位95

美元；1917 年 11 月的低位是 99 美元；1918 年 12 月的低位是 96 美元；1919 年 12 月份的低位是 98 美元。这表明该股正在派发，走势较弱。因为在 1919 年当各工业股票的平均指数达到历史最高时，该股没有达到其先前在 1916 年和 1917 年所创的高价位。因此，该股那时的走势将要大幅下跌。

当该股跌破了位于 95 美元到 99 美元之间的支撑价位后，一直跌到了 78 美元。随后，该股曾一度反弹到 102 美元，但又开始不断下跌，直到 1921 年 11 月为止。然而，当其他股票在 1920 年 12 月、1921 年 6 月和 8 月创下低价位时，工业酒精股跌到了 35 美元。因此，如果股票处于最弱势时就选中且只要趋势继续进一步走低就继续跟进，那么这时实施空头交易就可以大赚一笔。

请注意，你有多次机会能以 96～100 美元的价位买进这只股票，又有多次机会以接近 165～170 美元的价位卖出，每次通过做空和做多都可以赚取到大笔的财富。然后，当大约 96 美元的支撑价位被打破时，股价又下跌了 50 多个点。我想再次提醒你，只要走势看跌，不管价格多低都应该卖出；只要走势看涨，不管价格多高都应该买进。

在工业酒精达到 35 美元之后，其在 5～6 个点的幅度内振荡了大约两个月，但自那以后，高位和低位都一直上涨。在 1922 年 10 月，该股股价达到了 72 美元。因为在 1921 年这只股票是最后达到最低价位的几只股票之一，所以也就自然地成为最后结束上涨的股票之一。

如果曾经在其他股票纷纷触底的 1921 年 6 月或 8 月做空这只股票，那么就不应该在该股股价逐月下跌且清楚地显示走势看跌的情况下平仓，至少应该等到股价高于前一个月42美元的价位，即已经高于其在1921年12月的最高价位时再平仓。

大西洋湾和西印度群岛股

这是一只在1919年的牛市显著攀升的股票。需要注意的是，该股在1917年和1918年的支撑价位在88美元到92美元之间。原本可以在这些价位上多次买进，然后卖出从而获得15到20点的利润。从1917年开始一直到1919年初，该股存在着一个位于117～120美元之间的顶部或者说阻力价位。在此期间，一直可以卖出做空该股。1919年2月，该股下跌到了92美元，而此前的最低价位就是1917年12月的89美元。这时应当买进，并在过去的支撑价位下加以止损保护。

该股一路上扬，并在1919年4月突破了120美元。这说明，该股还会大幅上涨。在1919年5月，其突破了历史最高价147美元；6月，攀升到188美元；8月，触顶回落，跌到了140美元；随后，在1919年10月上涨到192美元。

在那以后，该股的高位和低位都开始不断下跌。在1920年2月，其股价跌到了137美元；1920年4月，其反弹到176美元。该股在这一价位派发了几个月的时间，但最终跌破了137美元的支撑价位，并继续下跌，而反弹的幅度则越来越小。

在1920年11月，该股先后跌破了92美元和88美元这两个支撑价位。这样，除了1916年的最低价位27美元之外，该股已经没有其他支撑价位了。1920年12月，该股跌到了62美元，在其他个股纷纷反弹的1921年1月，该股却继续下跌，并最终于当年6月跌到了18美元。

该股在19美元的低位上停留两个月后，开始反弹。1921年12月，该股股价上升到36美元；1922年2月，股价又跌至24美元，并在这一支撑价位维持了几个星期；1922年5月，股价上升到了43美元；此后，于1923年1月跌到19美元，并在这一价位获得支撑。此时，应当买进了，但要在比这一价位低两三个点的点位止损。

因此，不论其他股票的行情如何，只要某只股票显示出弱势，你就可以卖出并做空，这样做往往很安全。

第20章　判断最终的顶部和底部

对于任何一只股票或一类股票来说，如果一开始就有较大幅度上扬或下跌，那么就需要很长一段时间来做准备和进行吸筹或派发。盖楼前，要打地基，这需要时间来做准备。楼房越大，打地基所需的时间也就越大。股票也同样如此，上扬或下跌的幅度越大，需要准备的时间就越长。

美国钢铁股

美国钢铁股在1901年2月成立，当时还是一只新股，同时也是当时世界同类企业中最大的公司。它的普通股都是高估的虚股。由于虚股需要定位，所以美国钢铁公司的普通股以及500万股虚股也必须得到定位。到达该价位需要很多年。该股从1901年的55美元跌至1904年的8.375美元。当股价达到12美元的价位后，在1903年12月到1904年9月的这段时间里，该股股价在8.375美元到 12 美元之间波动。其中，在大部分时间里，该股股价在 9 美元到 10 美元之间震荡。当时该股处于缓慢下跌的状态，缓慢的小幅震荡伴随着很小的成交量。这就是该股吸筹的地方，需要大约 10 个月的时间。因此，在投资这只股票之前，你有充分的时间进行观察和分析，并得知其得到了支撑。但是你不要匆忙买进该股，因为其正在为长期的上扬做准备。

我们追溯到 1909 年该股顶部价位 94.875 美元就能看到，当该股在 88 美元到 94 美元之间时，所有股本都曾被多次换手。在有些日子里，这只股票的交易量可以达到 50 多万股，这证明了该股正在派发。现在，看看股市行情变化图 7 上该股在 1916 年 11 月达到最终顶部价位的 129.75 美元，可知道当时有大幅度的震荡和大笔的交易。在 1916 年 12 月，该股下跌至 101 美元；在 1917 年 1 月和 2 月的早期，该股反弹到了 115 美元；在 1917 年 2 月 3 日，德国宣布发动潜艇战，当时该股股价马上跌到了 99 美元，仅比当时 12 月的最低点位低 2 个点。随后上扬开始了，在 1917 年 5 月，该股上涨到 136.625 美元。

在该顶部的交易量超过 1500 万股，也就是全部股本的三倍。请注意一下该股的 3 个点为单位的股市行情变化图，其显示了派发时该股的活跃程度以及其是如何上涨和下跌的。实际上，在 1916 年 10 月这只股票就开始派发了。并一直持续到 1917 年 5 月和 6 月。因此，那些想全部抛售该股并做空的人有充分的时间来关注该股并确定派发何时结束。当时该股正为长期的下跌做准备，但是其比 1914 年的最低价位高出了 98 个点，且派发该股还是需要时间。但需要注意的是，派发完成后，该股下跌十分迅猛，并在 1917 年 12

月下跌到 80 美元。

公众的总体印象是"钢铁股如何发展，股市就如何发展"。也就是说，公众认为无论股市是上涨还是下跌，美国钢铁都是领头股。美国钢铁曾在一段时间内充当过领头股，但现在早已经不是了。在 1916 年 10 月和 11 月期间，大多数股票的股价都创下了新高，但 1917 年 5 月的股价就低得多了。然而，美国钢铁股 1917 年 5 月的股价比 1916 年 11 月的股价还高出 7 个点。人们疯狂地买进该股，因为他们判断该股股价会上升到 1916 年的价位，就像当时的领头股——美国钢铁股一样，但是他们被大大地愚弄了一下，损失了大笔的钱。这再次证明了我所提出的一条规则："不要因为某些个股走势强劲就买入不同类别的股票。"

通用汽车股和斯图特贝克股

进行交易时，要选取明显呈现强势或弱势的题材，千万不要随意选一只股票然后跟随其走势进行交易。你的判断依据必须是具体个股的具体走势（如时间、空间和成交量）。不要期望通用汽车因为斯图特贝克已经上涨了，就会跟着大幅上涨。观察通用汽车的股市行情变化图所呈现的走势，还要考虑到该股的总市值是 5000 万股，而斯图特贝克股只有 75 万股这一事实。切记：要抬升股市需要强有力的买进；要打压股市也需要强有力的卖出。与抬升一只总股本仅为 75 万股的个股相比，抬升一只总股本高达几百万的个股所需要的买盘要大得多。

第三篇
如何确定股票的行情走势

人们一般很难想象的是，像通用汽车这样的股票，其涨跌一个点就意味着总股本会增加或减少5000万美元！这也是为什么在每个点位上都有那么多的买进和卖出、为什么股价的变化会如此缓慢的原因。通用汽车以10:1的比例增发股票，而当年3月的股价是42美元。即对于原来股票来说相当于每股价值420美元。之后股价开始缓慢下跌，并在1920年12月跌到了13美元，九个月下跌近30个点。之所以下跌的幅度如此之大，是因为没有哪个集合基金愿意且有足够的资本来对5000万股的股票提供支持。该股股价继续下跌，直到其下跌到1922年1月的8美元的低价，然后于1922年6月上涨到15美元。

与斯图特贝克等众多汽车股相比，上涨7个点似乎不值一提。然而，上涨的百分比却是惊人的。斯图特贝克从1921年65美元的低价位上涨到了1922年141美元的高价位，其卖出价翻了一番多；而通用汽车从8美元上涨到了15美元，其卖出价也将近翻了一番。许多人的脑筋都很简单，他们买进了低价股，希望能像高价股那样上涨。但如果按照百分比计算股票卖出价的涨跌幅，低价股的幅度的确与高价股大体相当，而且有时还会超过高价股。

美国熔炼股

注意一下美国熔炼股的股市行情变化图8，以及该股从1901年9月到1904年5月的长时间吸筹。当时，该股的价格一直在37~52美元区间内。一旦该股的股价突破了这一吸筹区间，就明显表明上涨将持续很长一段时间，而且上升幅度很大。该股一路上升到174美元，此间从未出现任何大幅度的波动。在1906年1月，该股的股价达到了高位；此后，派发开始了，并持续了大约1年的时间。该股在174美元至138美元之间上下波动，最终于1907年1月向下突破了138美元的派发点而急剧下跌，到了1908年2月，其已经跌到了56美元。由此可见，在大量买进或卖出，以及在顶部或底部附近剧烈或窄幅震荡很长一段时间后，必然出现一轮大行情足以使你大发横财。然而不管是什么人，想要逆市而动或是在股票向相反方向运动时满怀期待地固执己见都是愚蠢的。

假设股票开始上扬时，你以大约50美元的价格做空，因为这一价位已经接近了原有的最高价位。当股价突破52美元时，其清楚地显示上升的走势，因为股价已经进入了新的价格区域。假设你决定等待股价出现反复来完成做空操作，但股价并没有出现反复。该股一路攀升到62美元、72美元、82美元、92美元并继续上攻至174美元。加杠杆又有什么好处呢？只不过是白白把自己的钱送给别人罢了，因为那样做是逆市而动。如果我们在股价为100美元时再次开始卖空，准备像很多糊里糊涂的人那样来拉平损失，那么注定是失败的。

那些在1907年初以大约138美元的价格买进该股的人，也同样吃到了苦头，因为股价跌到了56美元。即使这些人想要通过买进来拉平价格或是进行买断支付，也无法进行保本了。这样的人根本不能摆脱出来，只要回顾一下这些股票往年的交易记录并加以研究，你就会发现，很难做到逆市而动或拉平价格。正确的交易方法是紧跟大盘的走势，赢利时就采用金字塔式交易，而当股市不利于你时，则不要补仓。在此重申一下：迅速止损并累积利润。

累进的顶部和底部

如果你对所有类别的个股都相应地持有其平均指数行情变化图，那么这将大大地有助于你在股市上获得成功。总会大有裨益，因为这样就能够从中判断出这些股票何时已经达到了被支撑或被派发的水平。但是，不能用平均指数来进行交易。因此，要确定什么是股票交易的最好素材和何时是买进或卖出的正确时机，就必须持有各类股票中某些个股的行情变化图。

表现活跃股票的特点是，5~10点的行情变化图会有助于显示出该股票何时到达顶部或底部。对于卖出价为25~60美元的股票，3点行情变化图最能说明问题。但对于卖出价在100~300美元的股票，最好使用5点行情变化图和10点行情变化图来分析，因为这类股票需要更大幅度的震荡才能买进或卖出。

有时候，一波大的牛市或熊市行情需要几年的时间为其打下基础。假设你在1913年持有石油股，并预测会有什么事情促使石油股迅速攀升，那么请看加利福尼亚保险箱。

加利福尼亚保险箱——该股在1913年的最低价位是16美元；1915年是8美元；1916年是16美元；而1917年是11美元，并在这一价位上窄幅震荡了大约4个月，显示出了该股在高于1915年最低价的价位上获得了支撑。这表明该股从1912年的最高价位72美元跌下之后，在1913年到1917年进入了8美元到16美元的吸筹期。

该股在1919年上涨到56美元，在1920年11月下跌到了15美元，在1922年的7月上涨到71美元。这就是我们所说的"累进式"的底部。也就是说，支撑价每几年就提升一次。1915年的支撑价位是8美元，1917年的支撑价位是11美元，1920年的支撑价位是15美元，1921年的最低价位是30美元。只要股票不断创下更高的顶部和底部，走势就会攀升，跟进这种攀升很安全。这条规则同样适用于每天、每周、每月或每年的行情。

墨西哥保险箱——该股是另一个具有"累进式"底部和支撑价位节节攀升的例子。在1913年，其最低价位是42美元；1914年，其最低价位是51美元；1917年，其最低价位是67美元；1918年，其最低价位是79美元。1918年10月，该股第一次大幅攀升，并于1919年10月达到264美元；1921年8月，该股下跌到84.5美元，虽然如此，但其仍然具有比1918年最后一个底部还高的底部。因此，从中可以判断，这些年来，墨西哥保险箱在更高的价位上一直获得支撑，这说明了该股将会达到一个极高的价位，然后就开始派发。

对于你所感兴趣或想要着手交易的任何个股，都要以相同的方式进行调查，并记录其多年以来的交易量。股票吸筹或派发的规模越大，那么其停留在顶部或底部的时间就越长，同时上涨或下跌的幅度也就越大。下面以玉米制品的股票行情变化图9为例进一步说明这个问题。

玉米制品——1906年，其首次上市时的卖出价是28美元；但在1907年就跌到了8美元；在1909年6月上涨到26美元；在1912

第三篇
如何确定股票的行情走势

年又下跌到了 10 美元；在 1913 年上涨到 22 美元；同年，又跌到了 8 美元；在 1914 年反弹到 13 美元；在 1914 年 7 月又下跌到了 7 美元。在 1915 年春天之前，该股都保持小幅震荡，其卖出价没有超过 10 美元。

1907 年，该股获得了第一个支撑价位 8 美元；1913 年，其支撑价位仍然是 8 美元；1914 年，由于战争带来的极度恐慌，该股的卖出价为 7 美元，并呈现了很长时间的吸筹期。1906 年的 28 美元是其历史最高价位。1917 年，其一举突破了这一价位。在这 10 年的大部分时间里，该股都在 8 美元到 20 美元之间波动，这显示了其正处于长期的吸筹期，股价有所突破，预示着该股将大幅度上升。

在 1919 年，该股上升到了 99 美元，然后又下跌到 77 美元，最后又攀升到 105 美元。1920 年的 12 月，该股下跌到 61 美元，在 1921 年 3 月，又反弹到 76 美元，然后在 1921 年的 6 月下跌到 59 美元，在比先前价位低 2 个点的基础上获得了支撑，然后在 1922 年 10 月，其又上涨到 134 美元。

由此可见，该股突破了 10 年以来的最高价位后，比先前更活跃，再也没有跌落到 24 美元以下，并于 1920 年稳步上涨到 105 美元。其调整的幅度非常小，但每个底部都节节攀升，这清楚地显示出了该股处于上升的走势。

为了抓住时机卖出或做空，必须事先判断股票的高价位于哪里以及派发区间的位置，其重要性不亚于判断吸筹区间与买进的底部的重要性。可参看图 3 美国橡胶的股市行情变化图。

美国橡胶（U. S. Rubber.）——请注意，该股于 1919 年 6 月

达到了 138 美元；而同年 7 月又达到相同的高价位；8 月，其价位达到 137 美元；10 月再次达到 138 美元；11 月，其价位达到 139 美元；在 1919 年 12 月，其价位达到了 138 美元。在此期间，底部的价位处在 111～117 美元之间。在 1920 年 1 月，该股最后上冲到了新高 143 美元，但很快就跌了下来，这显示派发已经完成，一轮长期下跌的新行情即将开始。

该股的顶部和底部一开始就逐月下跌，但当其跌破 111 美元时，说明该股已经失去了全部的支撑，派发已经完成。在 1921 年 8 月，该股下跌到了 41 美元。从 1914 年到 1917 年，其支撑点都在 44 美元至 45 美元之间。

你也许会问，为什么某些股票经过很多年才能达到获得支撑或遭受阻力的价位？当中的原因在于始终有一伙人在操纵这些股票，他们通常都是一些知情者，清楚地了解这些股票的价值。因此，他们会在某一价位上买进该股票，然后持有这些股票，直到这些股票达足够高的价位后，他们就全部卖出而做空，或是等到这些股票再次跌到相同的价位，他们就再次买进，制造下一波的行情。要想知道自己所交易的股票过去的支撑价位和阻力价位，你应该仔细研究一下这些股票。

变化的信号

如果天空乌云密布，你就知道快要下雨了。经验告诉你，下雨或风暴来临之前天空必有聚集的乌云。如果在股市上看到过去一直都表示派发的信号，就应该当作报警信号，应赶紧逃脱而出，从而避免使自己因为股价的下跌而蒙受损失。同样，如果看到以前总是预示着吸筹的底部，那就赶紧买进。

人们常常会根据一棵树的果实来判断这棵树的生长情况，同样的道理，在股市中，你必须根据股票自身的迹象和信号，而不是其他股票的表现来判断该股票的走势。如果你发觉出现了买进或卖出的苗头和时机，就要及时在股市上下订单，同时不要限定买进或卖出的价格，否则会使你经常蒙受损失。仅仅是为了 0.125 点或 0.25 点而错过了一波行情，从而导致损失了一大笔利润，那是愚蠢的。如果出现了买进或卖出的时机，就不要拘泥于些许的差价，从而因小失大。

第21章　同一幅度内的震荡次数

表现活跃的股票和高价股要达到一定的价位，知情者才想将其抛售，这时，这些股票就会连续几个月大幅上下震荡，引导交易员进行买进和卖出，因为此时机会巨大。这只股票会在高价位停留很长时间，足以让交易员觉得安全并放心买进。

设想一下，如果一只股票直线上涨20点或30点，没有出现多大回调就达到了顶部，那么这只股票就不会在一天、一个星期或一个月内派发。但如果这只股票在同一幅度内反复震荡，尤其是出现了5个点或更大的行情却没有突破其最高点位，同时在下跌时没有跌破阻力价位，那么就可以判断该股票正在吸筹或派发。有时，一只股票会在同一区间内上下震荡10～20次。

请注意1922年时的斯图特贝克股和1919年时的工业酒精股、美国橡胶股和美国羊毛股，就可以知道，当发生派发时，这些股票是如何大幅上下震荡的。在1922年5月到1922年11月期间，斯图特贝克股在114～139美元之间以相同幅度上下震荡20多次。尽管该股在相同幅度内只有5次或6次上下剧烈震荡，但是如果算上5

个点或 5 个点以上的震荡，那么在同一区间内的波动就可以认为有 20 多次。这说明派发正在进行，该股的长期下跌行情即将出现。

退身后应当静观其变

如果你连续多个月都成功地一直跟进一波牛市行情，并赚取了一大笔利润，那这时就一定要保持警惕，注意走势发生变化和牛市行情即将结束的最初信号。当你捕捉到牛市行情结束的信号时（如前所述，就是在交易量放大、震荡激烈的时候），就要全身退出，静观其变。也就是说，全部卖出你的长期股票，等待做空的机会。一旦你赚取了一大笔利润后就马上出脱，千万不要匆忙再次入市，要耐心等待，直到在股市上获利的机会再次出现。

还有另外一种情况，要求你适时摆脱出来，那就是熊市达到顶峰的最初信号出现之后。累积股票需要时间，所以不宜过早地入市。如果下跌中你赚了一大笔利润，可以再等几个星期或几个月，直到有迹象显示，新一轮的牛市即将来临。

打消靠内幕消息获利的念头

相对于低价位，股票在高价位时，更常出现大幅震荡的情况，这是因为股票正在进行派发。但股票被最终下推到一个非常低的价位时，下跌的速度就会放慢。而且股票在吸筹发生时经常会窄幅震荡一段时间。吸筹和派发恰恰是相反的，当知情人想要抛售股票时，他们就会尽其所能大造声势来吸引公众，从而形成很强的公众购买力。当股票跌到很低的价位、知情者想要进行一次大规模的吸筹时，他们就会悄悄地买进股票使用各种手段避免别人知道，同时尽全力劝阻外界人买进股票。

投机者们运用这些伎俩也无可厚非，这只不过是商业策略罢了，如果你处在相同的位置，你也会这么做。他极力以最低的价格从别人那里买进股票。所以，不要幻想知情人会告诉别人他在买进——只要他还在忠实地为谋求个人利益而工作。同样的道理，你也不要幻想当股票接近顶部他进行卖空操作时，他会告诉别人他在卖空，因为这时的股价已经相当高了。他要想兑现他所投资的那些股票并获取利润，就一定会想尽一切办法将股票卖给别人。

许多人认为，在股市中赚钱的唯一方法就是获得"内幕消息"，但我20年的炒股经验证明，要想获得内幕消息是不可能的。你越早打消"内幕消息有助于自己炒股"的念头，就会过得越好。这就像跟别人打扑克牌，有谁会把手中的牌给别人看而自己却不想看别人的牌的？当然不会，而且你也明知道人家不会。因为如果有人真的让别人看到自己的牌，那他的钱就会输个精光。同样的道理，那些知道内幕消息的知情者（无论是银行家、集合基金经理、操纵者、投机商或其他什么人）怎么可能会告诉你他正在做什么或他计算什么时候在股市上卖出他长期积存的股票或吸纳大量股票呢？

要是你能正确地解读大盘，那你就可以发现知情者在做什么，因为大盘会显示每笔买进和卖出。而且如果你能正确地解读大盘，大盘也从不撒谎，因为无论是知情者还是外界人，都不能够隐藏或掩盖买进或卖出的数量。因为你要知道，买进或卖出每一股，在大盘上都有登记。如果你知道如何正确地分析卖出的数量和行情变化的幅度，那么你就可以知道何时买进、何时卖出。

最重要是时间因素，我在做年度预测时，经常会使用到时间因素。我说这话的目的不是为了泄露秘密，而是想真诚地告诉你，要尽量了解更多的规则。如果你紧跟这些规则，那么你就有能力在股市上获得成功。花钱买这本书太划算了。只要你按照我给出的法则进行交易，在未来5年到10年的时间里，都能价值成千上万美金。如果在最初的3~5年时间里，我只要成功地教你如何避免损失，且你在保本的同时积累了经验，那么这种知识的价值就是无法估量的，因为经过几年的演练和学习，你一定能够快速致富。

第22章　突破以往的水平

在长达数月或数年的时间里如果股票确定了吸筹或派发的价位，然后一举突破这些价位，那么我们几乎可以得出肯定的结论，即这些股票正在利用尚未遇到阻力的机会冲击新高或新低的价位。一般而言，在比先前的最高价位或最低价位高或低3个点处下止损单，且在原来的底部或顶部附近买进或卖出股票，那是非常安全的。例如，请看股市行情变化图10中的共和钢铁股。

共和钢铁（Republic Steel）——在1916年，该股的最高价位是93美元；在1917年的最高价位是94美元；1918年时，其最高价位是96美元。每次达到这些价位时，就会形成卖盘。1919年，该股突破了96美元，并上涨到104美元，然后又回调至81美元；当该股再次突破96美元时，其又上涨到145美元。在该股第二次出现新高时买进，总要比其在第一次出现新高时买进更为安全。这是因为，第一次所出现的新高很可能会因为大量卖出而受到打压，而第二次出现新高时该股已经被全部吸纳，股票继续攀升就会容易一些。请注意，从1914年到1919年期间，共和钢铁的底部是"渐行渐高的"。

瓦巴西 Pfd. A.（Wabash Pfd. A.）——1916年12月,该股的最高价位是60美元;在1920年12月之前,该股的价位逐渐下降,顶部和底部节节走低,一直跌到12月的17美元。在1921全年,该股一直在18~24美元之间震荡,并出现吸筹;到1921年8月20日,该股跌到了20美元,形成了更高的底部。从1921年8月到1922年2月,每月都以20美元的价位卖出,这充分证明该股获得了支撑,你应该再次买进该股,并在18美元的价位止损。然后,当其突破1921年24美元的高价位时,你应该继续买进。1922年4月,该股上涨到了34美元,这是1920年10月时的阻力位。派发开始了,该股于1922年12月跌到了23美元,同时还获得了支撑,并在以后连续几个星期内,都保持2个点的震荡幅度,随后又开始了上攻。

你应该研究不同板块的个股。从中你可以了解它们的走势,并因此推断出领涨或领跌的个股。

克鲁塞波钢铁（Crucible Steel）——该股在1915年开始了迅猛的上扬,升至109.875美元。在1916年、1917年和1918年期间,该股的顶部连年走低;1916年,该股的底部是51美元;1917年,该股的最低价位是46美元;1918年,其最低价位是52美元。当该股突破1918年的最高价位时,说明其还要进一步上扬。当1919年,其突破1915年所创下的历史最高价位109.875美元时,可以肯定的是,该股还要创下历史新高。

该股在连续三年都下跌的行情中一直徘徊在46~52美元之间,说明其正在吸筹。克鲁塞波股在1920年上涨到了278美元的极高价位，这大大地与其内在价值不相符。因此，在本金翻了一番后，该股急剧下跌到 1921 年 8 月的 49 美元，又回到了原来底部区间，再次成为一只可以买进并看涨的股票。

降低和增加股息

如前所述，决不要仅仅因为股票不派发股息就卖出一只股票，也不要因为它们派发股息就买进一只股票。在 1921 年 12 月，克鲁塞波上扬到 69 美元，当时该股正在支付 4% 的股息。在 1922 年 2 月 27 日，该股下跌至 53 美元。3 月初，该股没有支付股息，而当时的卖出价是 58 美元左右。随后，该股回落到了 53.5 美元，但没能跌破未支付股息前所形成的最低价位。这说明未能支付股息这一利空消息已经被贴现。而且如果该股能够保持在先前所创的低价处，那么无论该股是否支付股息，都应该买进该股。

在 1922 年 9 月，该股上扬到 98 美元，这也是该股之前于 1921 年开始暴跌的价位。这时，该股以每股 100 美元的价格向股东增发新股。这就导致了旧股大量卖出，逆转了走势。到了 1922 年 11 月，该股下跌到 59 美元。

当一只股票以旧股当时的卖出价增发新股时，就要注意了。如果旧股没有攀升到高于新股的增发价格，那么就应尽早卖出，全部脱手转而做空。

联合零售（United Retail）——另外一个受到股息降低影响的实例就是联合零售商店。1920 年 12 月，该股的最低价位是 46 美元；1921年5月其价位反弹到62美元；1921年8月，其价位又反弹到62美元；同年8月，下跌到47美元，并再次获得更高的支撑；1922年1月，该股上扬到57美元。所有迹象表明，在过去一年里，该股一直在吸筹。到了1922年2月，当该股卖出价大约是53美元时，支付的股息下降了，股价跌落到44美元。

但是，如果以1920年46美元的价位买进该股并在低于3点的点位，即在43美元的价位止损，那么无论怎样也不会被套住。在1922年3月间，该股的最低价位为43美元，而最高价位是47美元，连续一个月的震荡幅度是3点，这说明该股正在得到支撑。同年4月，该股以45美元的价位开盘，然后开始上扬。假定你在其突破三月的高价位之前，一直在等待时机，并最终在48美元的价位上开始买进。在此后30多天里，该股上扬到71美元。回调10个点后，于1922年10月继续上扬到87美元——1920年时的阻力位。此时，该股遭到很强抛压，并于1922年12月回落到另一个阻力位66美元。

这一过程说明知情者在股息降低之前早就知道消息，并对该股实施了买进操作。现在需要耐心等待，看知情者会不会在此前的低价位上予以支撑。在他们连续支撑了两个月，而没有让股价跌破原有底部下方3个点时，再买进并设定3个点的止损，就非常安全了。

历史上的许多案例都告诉我们，虽然股息降低，但这恰恰正是买进的好时机，因为这时最坏的结果大家都已经知道并且已经被贴现。一般来说，当股息增加且支付额外的分红时，知情者就一定正在派发股票，他们在这时候会向外界放出好消息来诱惑公众跟着买进。历史上这样的例子何只成百上千个，这里一个例子就足以说明问题。

美国钢铁（U. S. Steel）——在1917年5月，该股上扬到136.625美元，达到其历史最高价位，支付的股息是5%。随后，股息有所提高，或者说又支付了相当于17%的额外股息。但该股再也没有出现过这么高的卖出价，并于1921年跌落到70.25美元。因为知情者知道，这样的收益大概已经是最好的了，此时到了发布这条好消息并为派发这只股票做铺垫的时候了。

账面价值（Book Values）——我想提醒大家注意：误导许多投资者的是"账面价值"。统计学家计算出美国钢铁股1917年的账面价值是每股250美元左右，当然，只有在其顶部价位时买进的傻瓜才会真正相信这只股票会上涨到这一价位。当股价上涨时，"账面价值"毫无意义，因为发行股票的公司并不打算清盘。所以说，账面价值这时常常误导我们，其会让人们觉得股票会以接近其账面价值的价格被卖出，从而一味地买进并长期持有股票。实际上，一百只股票中也不会有一只能以接近账面价值的价格卖出。

在1915年2月，美国钢铁股未能支付股息，当时其卖出价大约为40美元。随后，其卖出价就跌到38美元，并从此再没有以更低的价格卖出过了。这时候买进该股，才是捡了个大便宜。但要是在其支付17%的股息并以超过130美元的价位卖出时买进，就没有什么好便宜可捡了。

1915年，美国钢铁股的最高价是89美元，1916年1月，其最低价是80美元，随后的1916年3月和4月，该股依然保持80美元的低价位。连续九个月都维持在80美元上下9点的区间内。到

第三篇
如何确定股票的行情走势

1916年8月，该股上涨到90美元，已经突破了前一年的最高价位。在那么小的区间内维持了那么长的时间，足以说明该股肯定会大幅攀升，因为股票已经完成了吸筹。否则，该股早就跌至80美元以下了。此后，该股一路攀升至129美元，期间回调的幅度始终没能超过5点。

该股在1917年5月上涨至136.625美元的高价位之后，在1916年就跌落至80美元这一低价位，此时，该股再次获得支撑。按规律来讲，如果此时买进，就应当在比其价位低3点的点位，即77美元的价位止损。1918年8月，该股又一次上涨至116美元，并在116美元左右的价位维持了两个月，这说明该股正在派发，应当全部脱手转而做空，但要在116美元以上2~3点的价位止损。1919年1月和2月，该股跌至89美元，并且在没有突破前一个月最低价的情况下在很小的区间内维持了两个月。此时，明显的是这又是一次买进的机会，但应当在早先的最低价以下2~3点的价位止损。

1919年7月，该股上涨至115美元，只比1918年的最高价位低了1点。此时，应当全部卖出，再一次做空，但要在稍高于以前的价位止损。该股随后持续下跌，到了1920年，先是跌破了1919年的最低价位89美元，接着又跌破了1916年和1917年的最低价80美元，这就说明该股已经失去了支撑而且还会继续下跌。1921年6月，该股跌至70.25美元，在随后的7、8月间，该股一直在72~76美元这样一个很小的区间内上下震荡，这说明庄家正在吸筹，此时应选择买进，并在70美元以下止损，或是在该股一旦穿越两个月以来所维持的价位时立刻买进，因为这说明走势又转而向上了。

1922年10月，该股上涨到111美元，进入1919年和1920年的派发区间。在撰写本书时，该股表现出正在派发，这也说明该股正在为1923年年底之前进一步的下跌做准备。

人们应当针对不同的股票分别进行不同的研究，并且知道如何跟踪每只个股的行情变化。没有哪两片树叶是一模一样的，不同股票也不会同时触顶或触底，但图表可以清楚地显示出此时是走强还是走弱。通过绘制前几年的月度峰值和月度谷值的行情变化图，就可以判断每类股票中某只个股走势。

股票何时会创新高或新低

当一只个股上涨或下跌到了新区间，或者说到达了几个月或几年都未曾触及过的价位时，就说明有某种力量或驱动力促使该股票正在朝那个方向运行。如果力量一直受到抑制，那么一旦爆发，就威力巨大。比如大坝可以拦住水流，可是大坝一旦崩溃，水就会一泻千里，直到另一座大坝或是其他障碍物或阻力阻挡住水流，从而将其拦住。所以，注意观察股票先前的价位非常重要。可以想象，两次突入新区间相隔的时间越长，冲击力就越大，因为长期积聚的能量对股市造成的冲击威力肯定会比短期积聚的能量造成的变化更大。

1921 年的高价位

在 1921 年的大萧条中，虽然该年的 5 月曾出现过一次强势反弹行情，但大多数股票在 6 月到 8 月间价格都很低。下面，我们从股票列表中找出那些突破 1921 年初期创下高价位的个股。正是这些个股引发了 1922 年的牛市行情且其涨幅也是最大的，而那些未能涨至 1921 年高价位的个股其卖出价位依然很低（1923 年 1 月）。下面这些都是创出新高的股票：

艾利斯·查默斯（Allis Chalmers）：1921 年的高价位是 39 美元，1922 年涨至 59 美元。

美国罐头（American Can）：1921 年的高价位是 32 美元，1922 年的高价位是 76 美元。当该股突破 68 美元时，已经创出了历史新高并说明该股的价格还会大幅上涨。截止到作者于 1923 年写作此书时，该股已经升至 84 美元。

美国熔炼（American Smelting）：1921 年的高价位是 44 美元，1922 年涨至 67 美元。

美国羊毛（American Woolen）：1921 年的高价位是 82 美元，1922 年涨至 105 美元。

阿奇森（Atchison）：1920 年和 1921 年的高价位是 90 美元，该股 1922 年突破了这一价位，在 9 月涨至 108 美元。

鲍德温（Baldwin）1921 年的高价位是 200 美元，高于 1922 年的 142 美元。

加拿大太平洋（Canadian Pacific）：1920 年和 1921 年的高价位是 129 美元，该股 1922 年 1 月突破了这一价位，在 9 月涨至 151 美元。

智利铜业（Chile Copper）：1921 年的高价位是 16 美元，1922 年的高价位是 29 美元。

可口可乐（Coca Cola）：1919 年的高价位是 45 美元，1920 年是 40 美元，1921 年是 43 美元。该股于 1922 年突破了这几个价位，涨至 82 美元。

大陆罐头（Continental Can）：1919 年的高价位是 103 美元，1920 年是 98 美元，1922 年是 68 美元。该股于 1922 年突破了这几个价位，涨至 124 美元。

大北方 Pfd.（Great Northern Pfd.）：1921 年的高价位是 79 美元，1922 年突破这一价位，涨至 95 美元。

L&N.：1921 年的高价位是 118 美元，1922 年突破这一价位，涨至 144 美元。

纽约中央公司（New York Central）：1921 年的高价位是 76 美元，1922 年突破这一价位，涨至 101 美元。

移动保险箱（Pan Pete）：1921 年的高价位是 79 美元，1922 年涨至 100 美元。

辛柯莱石油（Sinclair Oil）：1921 年的高价位是 28 美元，1922 年涨至 38 美元。

斯图特贝克（Studebaker）：1921 年的高价位是 93 美元，1922 年 1 月突破这一价位并涨至 141 美元。

美国铸造 I. P.（U. S. Cast I. P.）：1921 年的最高价位是 19 美

元，1922 年涨至 39 美元。

美国钢铁（U. S. Steel）：1922 年的高价位是 88 美元，同年涨至 111 美元。

从以上的几股情况可以推断出，所有在 1922 年初突破 1921 年 5 月高价位的个股都大幅上涨，走势如此强，足以突破前几年的高价位的买盘力量表明了这些个股还会继续上扬。

1922 年不曾突破前一年高价位的个股

人们注意到，那些在 1922 年初不曾呈现强势、未能接近或突破前一年高价位的个股已经被证明是落伍者，现在其卖出价还是非常低（截止到作者写这本书时）。这再一次证明了我所提出的规则的正确性：买进强势股而卖出弱势股，进行交易时，不要被卖出价所误导，因为卖出价最高的个股经常会继续攀升，而卖出价很低的个股则会继续下跌。

下列个股在 1922 年未能突破其 1921 年的高价位，请注意这些个股在 1923 年 1 月的卖出价：

美国农业化工（American Agricultural Chemical）：1921 年的高价位是 50 美元，1922 年年底的卖出价是 32 美元。

美国国际（American International）：1921 年的高价位是 53 美元，1922 年年底的卖出价是 26 美元左右。

美国亚麻籽（American Linseed）：1921 年的高价位是 60 美元，1922 年年底的卖出价是 32 美元。

美国苏门答腊烟草（American Sumatra Tobacco）：1921年的高价位是88美元，虽然该股动作迟缓直到其他个股触底之后才触底，但1922年年底其卖出价仍然是接近低价位的28美元左右。

大西洋湾（Atlantic Gulf）：1921年5月的高价位是44美元，1922年年底的卖出价是22美元。

钱德勒汽车（Chandler Motors）：1921年的高价位是85美元，1922年的高价位是79美元，而年底的卖出价是65美元。

国际纸业（International Paper）：1921年的高价位是73美元，1922年年底的卖出价是52美元。

皮尔斯·阿洛普通股和优选股（Piece Arrow Common and Pre-ferred）：1921年的高价位分别是41美元和49美元，两者在1922年年底时的卖出价都很低。

联合医药（United Drug）：1921年的高价位是105美元，1922年的股价未能反弹至84美元以上。

美国工业酒精（U. S. Industrial Alcohol）：1921年的高价位是74美元，该股动作迟缓直到1921年11月才触底，但1922年只反弹到72美元，并没能突破1921年的高价位。

弗吉尼亚卡罗来纳化工（Virginian Carolina Chemical）：1921年的高价位是42美元，1922年年底的卖出价是25美元。

沃辛顿泵业（Worthington Pump）：1921年的高价位是55美元，1922年11月跌落至其历史新低27美元。

从上述可见，皮尔斯·阿洛、钱德勒汽车等都没能达到1921年的高价位，1922年年底的卖出价也很低，而在1922年初创下新高的斯图特贝克在1922年12月份的卖出价位却很高。通用沥青（General Asphalt）1921 年的高价位是 78 美元，1922 年该股只反弹至 73 美元，没能达到 1921 年的高价位。这表明该股因为长期居高不下而被到大量抛售，随后跌破了其 1921 年的低价位。这一点应给予注意，当股票攀升到接近以前的高价位，且维持了很长时间却没能一举突破时，就说明该股正在派发，一旦股票跌破派发区间，就应当看作卖空的素材。买进通用沥青股的人原本想该股能像太平洋石油（Pacific Oil）、墨西哥保险箱和移动保险箱一样上升，然而他们却遭受了巨大损失，这是因为其他股票都表现出强势而通用沥青股却表现出弱势的缘故。

各只橡胶股和糖业股都没能突破 1921 年的高价位，到了 1922 年年底卖出价进一步下跌。1923 年 1 月，各只橡胶股就已经开始上扬，如果它们能够突破 1921 年和 1922 年的高价位，那么它们将在其他板块纷纷下跌时反而不断攀升。这时，就应当买进橡胶股而不是将它卖出，同时，等待这些股票能够追随那些在 1922 年创下新高并进行派发的股票而一路上升。

股票走势改变后的买进和卖出

如果一只股票在吸筹或派发发生后创下新高或新低，就说明该股已经进入新的结构，下一个走势即将开始。

回想一下股票行情变化图 9 中玉米制品的情形，可以发现，该股到达 108 美元的价位并在 106 至 108 美元之间吸筹时，连续几个星期都位于狭窄的范围内，震荡幅度非常小，这时要想从中赚大钱几乎是不可能的。但是，如果在该股突破 108 美元的价位，并表明走势再一次转而向上时才买进，那么就能在不到两个月的时间内赚到 20 个点位的利润。

反之也会出现同样的情形。从 1922 年 9 月开始，该股的股价在四个多月的时间里一直处在 124～134 美元之间，无论买进还是卖出，都只能赚到少许的利润。该股跌破 124 美元之后，非常清楚的是：走势已经转而向下。如果这时开始卖空，那么无疑很快就能获得利润。

要想赚取高额利润，最好是在吸筹和派发交替出现的时候。所以，如果等到股票明确其走势之后再切入，会比一开始就切入能赚更多盈利。这就像赛马比赛一样，把马从拴马桩上解下来往往要花上 15～20 分钟的时间，但一旦"马儿开始跑了"，不到 2 分钟的时间比赛就结束了。耗费的大多是准备时间，一旦赛马跨出起跑线，比赛很快就结束了。无论以高出底部 10 点、20 点还是 30 点的价位买进一只股票，只要能获利，采用什么方法并不重要。

同样的道理，卖空时，无论价格比顶部低多少都没有区别，一旦股价跌破了派发区间，此时对该股票进行交易就很安全，而且很快就会获得利润。无须考虑价格的因素，把那些顶部和底部统统置于脑后，买卖股票就是为了赢利，不要贪图最底部或最顶部的那 0.125 美元。连知情者都不会那样做，所以你也不要奢望自己能比庄家做得更好。

第23章　铁路股的顶部和底部

在其他章节中，谈到了作为领头股的个股和股票板块，无论涨跌，你都应当始终追随领头股。从1896年到1909年，铁路股一直都是领涨股。在提供贷款时，银行往往会排斥工业股，但却会接受铁路股，把其当成是金边证券。

请注意股市行情变化图11中的情形，其中，道琼斯20只铁路股指数在1896年8月的最低价位是42点。经过长期上涨之后，这些股票终于在1899年4月涨到87点，第一次形成了重要的顶部。当然，在当年的2月和3月，这些股票的价格就已经涨到了距此价位1到2个点的点位。到了5月，出现了一波很大的回跌行情，铁路股票指数一下子跌到了78点。但到了9月，又出现了反弹的行情，价格指数又被拉升到了86点，仅比4月份的顶部低了不到1点。但这些股票在这一价位遭遇了顽强阻击，1899年12月跌落到了73点，连续两次跌到了同一底部，或者说重又出现了12月曾经出现的价格指数。

在连续两次跌到同一价位之后，出现了新一轮的上升行情。这轮上升行情于1901年5月达到了顶点，股价也达到118点。1901年5月9日，北太平洋股陷入了困境，引发了令人恐慌的下跌，平均股价跌到103点，这也是牛市中出现的第一次突然大幅下跌，明显的是，牛市已经触底，应当在股票刚一反弹时就马上卖出。5月的中下旬和6月，出现的反弹行情使股价又接近了当月的顶部。之后，股价指数径直降到105点，并在这个仅比5月份恐慌期间稍高的价位上维持了4个月。再出现了吸筹的情况，但每只股票都只是在一个狭窄的幅度内震荡。

此后，这些股票开始缓慢攀升，且持续的时间很长，到1902年，股价升到了129点，形成了一个尖顶，随即于1903年9月快速跌落到了89点。请注意，吸筹一直从1903年9月持续到1904年6月，此间，牛市得以恢复。1905年4月，股价反弹至127点，距离1902年9月的高价位不到2个点。到了6月，一波迅猛的下跌行情使股价跌到了115美元。1906年1月，股价又攀升到了138美元的历史新高，平均指数也在十年间升高了96个点。股票价格随后便开始下跌，并在旧金山大地震之后的1906年5月跌到了120美元，后来，9月份又攀升到138美元，达到与1月份同样高的顶部。

以上这些股票一直在这一价位附近小幅波动，到了1907年1月，便一举突破了派发区间。长期的攀升行情过后，派发又持续了一年多，接下来的自然就是迅猛的下跌。1907年3月14日，人们开始发现恐慌在逐渐漫延，股价跌落到了98点，这是股市出现快速狂跌的行情之一。在此之后，随之而来的是一次快速反弹，随后又是一次下跌，股价跌落到了3月14日的低价位附近，有时甚至会以更低的价格卖出。此后，股市反弹并维持到了8月份，但反弹的速度非常缓慢，说明清算尚未完成。1907年9月，新一轮的清算又开始了，并最终导致在11月出现了迅猛的下跌，指数跌至82点，整整比当年年初的高价位低了56个点。

1908年3月，吸筹才终于出现，这时候，牛市行情又开始了。1909年10月，当牛市达到极致时，股价达到了134点，距离历史最高价仅4点。这时，股价遇到了阻力，派发在一个很窄的区间内发生了，一直持续了差不多6个月。从1910年开始下跌，在缓慢爬升后，7月份突然下跌使其平均指数达到了106点。这是一个尖底，股价很快就开始回升。股价一直上涨，到了1911年7月，平均指数达到了124点。之后，顶部的震荡幅度变小，股市也连续几个月成交不活跃。8、9月间，一次迅猛的下跌将股价打压至110美元，之后又开始缓慢爬升，并于1912年8月爬升到了与1911年相同的顶部124点，并将此顶部一直维持到了1912年10月。随后，在1913年6月，股价跌到了100点。市场窄幅震荡，成交量变小，并逐渐上升到110点，比当年4月的价位略低。1914年5、6月间，曾出现一次短期的小幅反弹，但随后便于7月份开始了大幅下跌，之后股票开始爬升。但战争爆发后，股价也随之大跌，最终股市于7月30日停止了交易。

1914年12月15日，证交所重新开盘。当月，平均指数跌到了87点，直到1915年3月之前，始终在这一点位附近小幅震荡。此后，一波大的行情开始了。到1915年11月，股价指数已经升至108点，并最终于1916年10月上攻到112点。请注意，就在同一年，铁路股一直在派发，全年仅比前一年的顶部价位高3个点。与此同时，因为战争环境有利于工业股而不利于铁路股，因此，工业股一直在大幅攀升。

1917年，铁路股大幅下跌，被全面清盘，股价跌到了多年以来的最低点，到12月政府被迫接管铁路时已经跌至71点。政府的接管却使股票迅速剧烈反弹，到了1918年11月，平均指数攀升到93点。随着战争结束，指数又在1919年1月跌落到了81点。稍后，华尔街出现了历史以来最为高涨的工业热，但铁路股却遇冷，到了7、8月份也才仅仅升至92点，比1918年的最高价位还低了1点。但工业股却整整比1918年的股价高出了20多个点，这是因为工业股成了领头股，而铁路股却成为了落后者。1920年2月，铁路股以68点的价格创出了新低，在此之后，铁路股和工业股的行情就开始逐渐趋同了。1920年11月，铁路股反弹到了85点，随后，便开始了长时间的下跌。到了1921年6月，铁路股跌到了66点，这也是1897年以来平均指数卖出的最低价。

1922年8月，股票从这一价位上升到了93点，这也是1918年曾到达过的顶部价位。从1922年8月到10月，股价维持不变，即使在派发时也维持在很窄的幅度内。11月，股票突破了派发区间，并于11月27日跌落到82点。从那以后，这些股票反弹到87点左右（1923年1月）时便彻底失去了活力，因为每次反弹都会遭到卖盘的打压。现在看来，可以推测出当时所有迹象是在进行清盘。正确的做法应当是等一等，看股票究竟是会恢复活跃状态并上涨到86点以上，还是会下跌到11月份所创的82点以下的价位。本人的意见是：在铁路股再次突破1922年的高价位之前，行情将被空头主导。

第24章 工业股的顶部和底部

图12展示了道琼斯20只工业股从1896年到1922年12月出现的顶部和底部。

要加以注意的是，1896年8月的低点是29美元，这些股票在派发开始的1899年4月曾反弹到77点，5月又跌至68点；但1899年9月再次反弹到了77点，连续两次达到了同一顶部。10月，再度跌到了71点，11月只反弹到了76点，比原来的顶部低了一个点。连续三次到达同一顶部后，这一次却没能有所突破，很明显，股票将被大规模派发，接下来的下跌会持续很长的时间。

12月，股价下跌到58点，然后，又反弹到了68点这一派发区域的底部。1903年11月、12月间，股价跌至42.5点，又于1904年1月反弹至50点，而且直到这一年的6月，始终在4个点的幅度内震荡。这说明吸筹正在进行。虽然当时铁路股是领头股，但这些工业股正在准备攀升。1904年7月，股价开始上涨，虽然其间稍有间断，但这一波行情一直持续到了1906年1月，并形成了最终的顶部，股价也达到了103点。这一顶部维持时间很短，随即便出现了下跌，到 1906 年 7 月，股价已经跌到了 86 点。随后的 8 月又反弹到了 96 点，并在此价位附近 4 个点的幅度内维持了差不多 6 个月，直到 1907 年 1 月才宣告结束。在很窄的幅度内发生了大规模的派发，并且持续时间很长，说明随后会出现大幅下跌。

1907 年对工业股和铁路股来说是的熊市年。从股市行情变化图中可看出，这两个板块在这一年的 11 月份一起跌至 53 点，形成了一个陡直的底部。此后，经过长时间攀升，于 1909 年 8 月上涨到顶部。这时，工业股股价达到了 100 点，并形成了一个平缓的顶部，在派发进行的同时，该股在这一价位维持了 6 个月。1910 年 1 月，下跌开始了，到这一年的 7 月，股价跌到 74 点的最低价位。

接着，股票开始缓慢反弹，并于 1911 年 7 月到达了顶部。就在派发的同时，股市维持在顶部有两个月，震荡幅度很小，且表现极不活跃。经常听说"股市不见动静时千万不要卖出"，但必须考虑一下，这毫无动静的股票到底是接近顶部还是接近底部？如果窄幅震荡与沉寂同时出现在顶部附近，那就是卖盘力量减弱的信号，迟早总会有某种力量把买家变成卖家，并打压股价。到了 8 月份，股价开始跌破该区域，并在 1911 年 9 月跌到了 73 点，形成双重底。

随后，1912 年 10 月，股价缓慢攀升到了 6 月创下的第一个顶部，股市进行了连续 6 个月的派发。此后下跌一直持续到 1913 年 6 月，平均指数跌到 73 点，形成三重底，与 1910 年和 1911 年的点位大致相等。

从 1914 年 2 月到 7 月，股市在一个狭窄区间内确立顶部。各只个股总是在出现反弹后变得悄无声息，这就说明缺乏买盘力量，清盘正在进行。7 月初，股价开始下跌，并跌破了派发价位。股市于

7月30日停止了交易，12月再次开盘时，股价指数跌到了53点，这也是1907年的价位，或者说时隔七年后股票形成了一个双重底。

在工业股领涨的1915年春之前，股价一直在窄幅震荡，"战时工业股"几乎每天都是领涨股。1915年12月，平均指数上升到了99点，这也是战时繁荣的经济创下的第一个顶部。1916年4月，这些股票跌至85点，这时吸筹开始了。到1916年11月，股价迅速反弹，平均指数创下了110点的历史新高。当股价从顶部迅猛下跌且平均股指跌至100点以下时，或者说股票从高价位跌下10个点后，真正的派发才开始。这一点，在上一章里已经做过阐述：何时出现尖锐的顶部，第一次大幅下跌后的派发就何时发生，等等。

1917年，工业股股价开始下跌，并于2月跌到了第一个低点87点，股票从这一价位开始反弹，虽然反弹次数多，但该股并不具备大的振荡幅度。与1916年的高价位相比，股票似乎更便宜，而且公众也都在纷纷买进。在整整一年中，股票持续下跌，到12月触底时，股价跌到了66点，这是一个尖底。在股票爬升了10点之后，吸筹随即开始。从股市行情变化图12中可见，吸筹在76~84点的幅度内进行。由此可见，同一规则在此也同样适用——发生派发的点位往往在尖顶下方，而吸筹发生的点位则比尖底高几个点。

1918年全年的股价都在窄幅震荡。当1918年11月战争宣告结束时，股价指数上涨到88点。然后，又快速跌至80点，并在这一价位维持了4个月。震荡幅度仅有4个点，但每个月都会跌落到同一低价位。这是吸筹的第二阶段，说明股票准备从1919年2月开始大幅上涨。在本书的后面，你将看到我对1919年的年度预测，从中可以了解到我对那一年的石油股和工业股大幅上升的预测有多么准确。1919年的涨幅是股市开市以来最大的涨幅，工业股的平均指数在九个月的时间里上升了近40个点。当然，有很多个股都涨到了50到150个点，成交量也是历年来最大的。8月、9月和10月份期间，每天的平均成交量接近200万股。11月初，上涨达到了极致，形成了尖顶。一年中仅出现了两次回调，分别发生在6月和8月。由于公众根本不问股价、股票名称、历史情况和未来可能的状况而一味地买进，所以派发是在一路上涨中完成的。人们信心满满地买进，认为"牛市会一直持续下去"，但结果却偏偏结束了，"就像所有大肆炒作出来的股市行情那样，出乎意料地结束了"。

1919年11月，出现了一波令人恐慌的下跌行情，工业股的股价下跌到了103点左右。反弹后股价在一个狭窄的幅度内震荡，于1920年1月达到了109点。1月，第二阶段的派发开始了。2月又出现了一次严重的下跌，股价跌到90点。4月，最高法院下发了股息不需要纳税的规定，这催热了新一轮的投机。很多公司都宣布支付股息，公众这时也满怀希望地大肆买进。平均指数升至105点时，一次长时间的下跌过程开始了，这一下跌一直持续到了12月21日。期间，每天的交易量都达到了300万股，而平均指数跌到了67点，这是1917年曾经出现的点位。由本书的后文可以得知，我对1920年股市所做的预测有多么准确，甚至还准确地预测出了令人恐慌的下跌开始的具体时间。

这一轮下跌过后，1921年5月间出现了一次快速的反弹，股价涨到了81美元。股市在到达顶部之后变得迟缓且极不活跃，说明股票供大于求。5月10日前后，清盘开始了，股价随之开始下跌，一直到清盘结束的8月才告一段落。这时，平均指数已经跌到了64

点。这正是正常区域下方的第三个区域，或者说是最不景气的区域，说明适合吸筹和买进的时机到来了。与1919年10月狂热派发区域完成相反。

1921年8月下跌过后，行情开始缓慢反弹。看看本书后面的1921年度股票预测，其中可知我已经准确地预测了5月的顶部和1921年8月的底部。

每次回调幅度都很小，股票继续攀升，到了1922年10月，股价上升到了103.42点时，派发开始了。1922年11月开始的暴跌使股价跌到了92点，比派发区间的底部还低了4个点。在我著的另一本书《1922年的股市预测》（1921年12月出版）中，我准确地预测了10月份最终高位的具体时间，以及1922年11月的下跌行情。

从上述可见：截止到1923年1月，派发已经持续了6个月。1923年1月，股价仅仅反弹到了略高于99点。在我看来，在平均指数跌至75美元甚至更低点位之前，股价不会比1922年10月创下的最高点位高出3个点。1923年初的每次反弹都会引发派发，而在1923年秋，股市将出现令人恐慌的行情，从而引发股价狂跌。

第25章 低价股的吸筹

翻查历史，就会发现，大多数高价卖出（即卖出价格为每股100美元到300美元）的股票，其实他们早期的卖出价都非常低，包括许多已经是领头股的股票，其吸筹时的价格都曾低于每股25美元。玉米制品股市行情变化图9中就有例8举出了这样的典型例子。

玉米制品

在1906年的大牛市中，玉米制品的卖出价是28美元，这也是当年的最高价。到了1907年的熊市，股价跌到了8美元。1909年的牛市中，该股上涨到26美元，比1906年的最高价位低了2个点。1911年，该股跌至10美元；1912年，上涨到了22美元，这一次没能达到1909年的最高价位。1914年，该股跌至7美元的历史最低价位；1915年，该股迅速复原并上涨到21美元；1916年，该股攀

第三篇
如何确定股票的行情走势

升到了当时的历史最高价 29 美元，比 1906 年的价位高了 1 个点。1917 年是熊市年，很多股票的卖出价都降到了多年以来的最低点，但玉米制品只是一度下挫到 18 美元，并且在当年年底以前，卖出价就超过了 29 美元这一 1916 年的最高价位。股价攀升至新高，超过了其 10 年以来的所有卖出价，说明已经完成吸筹，股价很可能会大幅上扬。因此，要遵循的规则就是，只要走势看涨，就要顺时追涨。

1917 年年末，该股升到了 37 美元，在当时的熊市年创下了新高，这说明买盘的力量足以使该股逆市上涨。当一只个股的卖出价连续多年始终没能超过一个特定的价位时，很多人就会误认为如果该股达到或超过该价位时，肯定会出现回调。这就错了，因为 1918 年，股市却出现了很多不合常理的情形和价格回调的行情，所以不能说这一年是牛市年。但玉米制品却攀升到了 50 美元，而且在 1919 年 1 月和 2 月间，正直其他股票大幅下跌时，该股也只是下挫到了 46 美元，仅从高价位下跌了 4 个点。

随后，1919 年的牛市行情开始了，玉米制品开始上涨。该股的顶部和底部继续不断向上攀升，这说明供不应求。该股随之在 1919 年的年内就上涨到 99 美元，1920 年春天更是涨到 105 美元。看看每周和每月的股市行情变化图，你就会发现：该股到达这一价位时派发早就发生了。事实上，该股形成尖顶后，很快就又回落到了 88 美元，然后又反弹至 97 美元后才显示出弱势来。之后，走势看跌，该股于 1920 年 12 月跌到了 61 美元；1921 年 3 月，该股升到了 76 美元；6 月又跌到了 59 美元。

该股只是跌到了比 1920 年最低价位低 2 个点的这一现象，说明有人在该价位附近吸筹，该股正是处于很强的牛市地位，应当在位于该底部下方的价位设置止损的前提下进行买进。该股先是升到了 68 美元，接着又下挫到了 64 美元。在 1921 年的 7、8 月间，有人吸筹时，该股一直维持在 64~68 美元的狭窄幅度内。随后，该股又开始上升，除了偶尔有幅度很小的回调外，该股几乎是一路攀升到了 105 美元这一 1920 年的最高价位。当然，由于大多数人都认为，如果股票创出历史新高，那么其价格就足够高了，因而该股在这一价位附近遭到了强力卖出的打压。

1922 年 3 月，该股攀升到了 108 美元，这比 1920 年的最高价位高出了 3 个点。这充分说明，虽然该股受到了强力卖出的打压，但还是有人在吸筹。1922 年 5 月，该股在此价位的附近变得很不活跃且成交量也很小，这说明卖盘的压力正在消退。于是，该股开始了缓慢攀升，逐渐抬高阻力位，一直持续到 1922 年 8 月才宣告结束。这时，该股突破了 1922 年 3 月所创下的 108 美元的高价位。在 5、6 个月的时间里只是下挫了 9 点，而且创出新高，很明显，其走势看涨，这时就应当买进并追涨。

在 1922 年 10 月 21 日所在的那个星期，该股上涨到了 134 美元。此后，又回调到了大约 124 美元左右，接着，在反弹了五六次后，到达了大约 132~133 美元的价位，但没有达到 10 月 21 日那天的最高价位。从 1922 年的 10 月开始，直到写这本书的 1923 年 1 月 12 日，该股的交易幅度都一直处在 124 美元至 134 美元之间。这就说明，该股受到了强力阻击和大量抛售。这时你应当是卖出长期持有的股票转而去做空。如果该股跌落到了 124 美元以下，就很清楚地说明派发已经完成，此时应当杀跌，一直到该股遭遇阻力，表现出有人买进为止。

第26章 如何看护好投资

许多人对待投资就像对待自己的健康一样，总是不想去看医生，除非病情已经变得很严重，但到那时就已经晚了，比起早些时候去看医生并注意进行疾病预防的人可能要多花上10倍的钱。无论是投资金边债券还是优先股，都应当每年至少咨询专家一次，了解自己手中的证券是否出现弱势的现象。当情况开始出现变化的迹象时，就应当把所投资的证券悉数卖出，决不能等到大家都卖出时，才被迫在清盘的股市上去抛售。很少人愿意每年哪怕仅仅花上25美元请别人来审视他们的投资，以便得到真正的专家给出的科学建议。他们总是在遭受了成千上万美元的损失后，专家建议已经显得为时太晚而于事无补时，才愿意花上几百乃至几千美元得到一些有用的信息。亡羊补牢虽然可以减少进一步的损失，但实在是下策。

法国债券

要想自己所选择的所有股票或债券都可以为自己赚到大钱,那是不切实际的。做生意不付出成本是不可能的,投资生意中的花费偶尔也会很快受到损失。因此如果发现自己的某一项投资表现出了弱势,就要果断抛出,千万不能犹豫不决。因为法国债券的利率是7%或8%,所以很多人都以107.5美元或108美元的价格买进。如果有人对这些债券支付不正确的投资收益,那么精明的人应该知道:法国政府的信用出了问题。否则,只要他们的证券是金边证券,就不必支付那么高的利息。当这些债券跌到99美元时,这是值得警惕的迹象,投资者应当立即抛售手中债券。但很多投资者认为这些债券还可能会带来高收入,所以就没有卖出。现在,那些八分利的债券已经跌到了93美元、七分半利的债券跌到了89美元左右,要想在很短的时间内恢复到其票面价值,几乎毫无可能。所以,那些因为有可能获得高回报而买进这些债券的人,现在只能眼睁睁地看着自己的资本缩水7%~10%,而那些利息也都化为泡影。

转化成投机证券

与其事后悔恨莫及,不如事先就选择安全的投资方式。许多大庄园都破败了,因为在父辈的投资开始缩水时,更年轻的一代拒绝将这种投资实施更合理的处理。好多男人将他们的财产转化为四分半利到五分半利的金边证券，然后将其留给了他们的妻子。他们当初买进这些证券是出于保险目的，为了保护本金而不是为了获取大笔收益。而女人则需要得到一大笔收入来维持生计，她们会因为投机证券的回报高而将这些金边证券全部卖出，并买进投机证券。结果常常是几年后，她们发现自己不但没有获得任何利润，反而还损失了一半的本金。赌博心理非常强的人，总是利润第一，安全第二。他们总是听信那些债券推销员所编的故事，而这些暴发户式的阴谋家总是利用人们的赌博心理，把他们安全的投资转换成了投机证券去赌博。结果，十有八九蒙受巨大损失。

识别和调查

目前，在迄今为止规模最大的一场世界大战后，我们正在进行战后重建工作。与以往相比，识别显得更为必要。每个投资者都需要专家级的服务。许多人都认为，如果他们买进了摩根大通公司（J. P. Morgan）、库恩雷波公司（Kuhn Loeb & Company）或者花旗银行（National City Bank）的债券，那就相当于买进了得到保障的"金边"证券。但是实际上这些银行并不为债券提供任何担保。即使如此，他们每卖出一笔债券还是可以获得一定的收益，而买入者却没有从这笔交易中获得任何利润。即使是最好的机构有时也要处理一些不稳妥的业务。如果你没有对所要交易的债券进行调查，只根据出售机构的名气就匆忙买进他们的债券，那就错得离谱了。法国政府的各类债券都是由最高级别的银行家发售的，可这并不保证这些债券都会保本并获利。而将这些债券卖给客户的银行家也没有保证他们会托市和阻止债券下跌。

自由公债

再好的债券也会有缩水的时候，因为其由供求关系所决定。美国政府是当今世界上财力最雄厚的政府，早在1918年战争结束时就已经是如此了。那么，为什么自由公债会跌落到85美元左右呢？这是因为当时公众手里的自由公债达到了几十亿甚至是上百亿美元。当1920年到1921年的大萧条来临时，公众手里满是公债，而没有多少现金。因此，当他们需要现金时，唯一的方法就是卖出自由公债。这样一来，卖出公债的人就大大超过买进公债的人，于是，公债就开始贬值了。当大的投资商们在低价处吸纳了这些公债后，公债的价格才逐渐上升到100美元。

阿奇森股（Atchison）

很多人都认为，总有一种永远都不贬值的最好的投资方式。但他们忘了这样一件事情，即决定价格的是供求关系，有卖方就一定有买方。如果买方数量很少而卖方数量很多时，那股票或债券就会贬值。假如在1915年持有一些阿奇森铁路股，当时，该股先是涨到了 111 美元，在下挫到 105 美元之后又反弹到了 108 美元。该股在 1916 年全年和 1917 年的部分时间里，一直都没有超过这一价位。这就是一个信号，明确地说明该股创出 111 美元的价位之后，出现了供大于求的局面。由于投入资金带来的回报率低于当时很高的利率，投资者原本应抛售阿奇森股，并转而等待时机再次买进。但在 1917 年的下半年，该股暴跌，一下就跌到了 75 美元。1920 年，该股的股价一直在 76 美元左右波动，先后四五次达到这一价位。这就说明，该股得到了支撑，在此价位上形势与在 108 美元附近的形势截然相反。由于供不应求，该股不再下探。当该股在低位被吸纳之后，股价随即开始上扬，并于 1922 年 9 月再次升至 108 美元，但在这一价位维持了很短的时间，而且没有突破 1916 年的高价位。这又是应该出售股票，等待观望的时机。随后，阿奇森股于 1922 年 11 月跌落到了 98 美元。当其出现了导致供不应求的价位时，就又到了买进的时机，但这种情况需要等上几年才出现。

专家建议的价值

投资者应当绘制一张与自己的投资有关的股市行情变化图。你只需花上一点时间来坚持实时更新月度峰值和月度谷值的变化图，就可以从图中推断出应在何时退出。如果你对自己的判断没有足够的把握，就要找到可靠的专家咨询有关事宜。很多人不愿意花上 100 ~ 200 美元去听取专家建议来保护自己的投资。可是如果他们能够理智地看待这个问题，就会认识到，缺乏专家的建议是行不通的。看看本人服务的收费标准——每年花上 100 美元，就能得到本人拟定的《股票年度预测》，以及每月一期或几期的补充材料。这样，你就可以随时关于任何投资项目向我咨询，从而了解应该如何转变投资方向，以便更安全地获得更多的利润。申请这项服务，你只需每年花上 100 股股票的一个点。许多人每年拿着成千上万股的股票，却听任成千上万美元的投资缩水，损失惨重。如果他们每年只花上 100 美元的服务费，就能避免支付的服务费多上几百倍的损失。

　　专家的建议有两方面的用途：一是避免你遭受损失，另一点是帮助你及时地获得收益。如果你清楚地感觉到你的健康出现了问题，你不会等到情况恶化到无可救药的地步才去看医生，而应当马上听取医生的专业建议，即使付上再多的钱也在所不惜。从某一方面来说，投资要比人们的健康重要，因为如果投资缩水，使你心生焦虑，那就会进一步影响你的健康。在华尔街，许多人损失财富后，都因此损害了他们的健康，这样的例子比比皆是。因此，专家的科学建议具有两个好处——保护你的健康，同时保护你的投资。

　　相对于其他行业，华尔街给你更多机会，但这需要你具备精明的头脑以及丰厚的知识。

第四篇

期货

有一种行为准则，排斥所有有用的信息，不容任何人争议，使人们不能完全了解事情的真相！这种行为准则就是不做任何调查就无端指责。

——斯宾塞

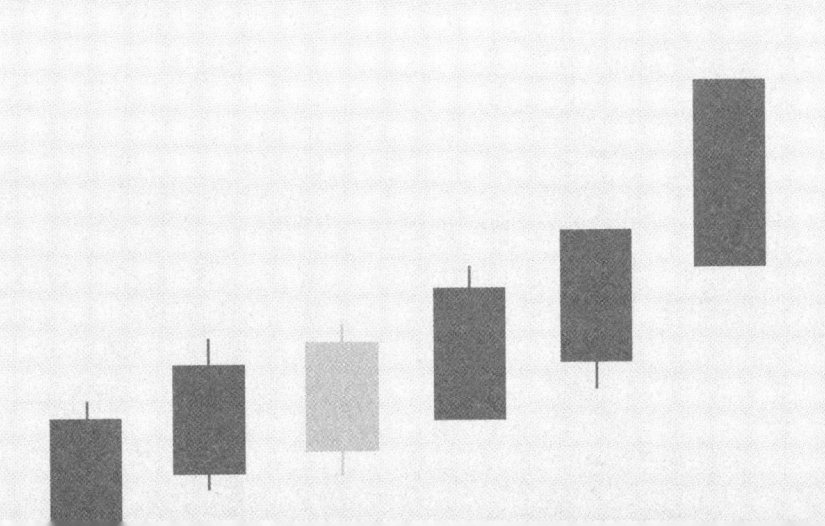

第27章 棉花期货交易的方法

在棉花市场上，无论是对其进行投资还是投机，赚大钱的机会总是一大把。同样的道理期货交易也是这样。没有必要买断现场交易的棉花，然后把它存在仓库里，还要支付保险费和仓储费用。因为如果现场交易棉花上涨或下跌，期货的波动幅度要比现货大得多，而且即使达不到预期的收益，持有期货也不需要任何花费。

棉花的价格取决于供求关系，要想对棉花期货市场做出准确判断，要比对股市进行正确的判断容易得多。因为，在股市中，个股和股票板块为数众多，走势错综复杂，某些股票下跌的同时，其他股票却在上涨。而棉花期货是另外一种情况。如果一种时限的期货上涨，那么所有期货都会上涨。你可以对某个板块的股票做出正确的判断，且选择了一只走势滞后的个股买入，结果可能并没有挣多少钱。但做棉花的期货交易，就几乎不会出现这种情况。只要你对走势判断是正确的，就肯定可以赚到钱。如果你拥有适当的资金来做棉花的期货交易，并且使用止损单来保护自己的资金和利润，就可以比做股票的人赚到更多的钱，特别是在棉花的期货市场活跃时更是如此。

在南方各州种棉花的人最大的问题就是过于乐观,他们认为棉花期货市场从来都是朝着一个方向变化的,无论棉花的价格有多高,他们总会选择持有,等待并观望,希望价格能升得更高。因此,仅仅是因为他们拒不承认期货市场有涨有跌这一事实,他们当中90%的人都损失惨重。他们无视期货市场的下跌趋势,遇上熊市也拒绝去做空。我认识很多从事棉花期货交易的人,他们都是在价格走高的时候买进棉花,然后面对逐天不断下跌的行情无计可施,每100包就要损失1000到2000美元,仅仅是因为希望价格还会走高而继续持有。记住本人给出的原则——如果只是因为期望而持有,那么就应该早点出逃。千万不要进行毫无理由的交易,只有在市场朝着有利于自己的方向发展时才应坚持持有。

如果棉花处在极高的价位,并有下跌的迹象,那么其就会像以前的记录所表示的那样,迅速下跌并持续很长的时间。在1920年春,棉花的卖出价大概是每磅37～38美分;同年12月,卖出价就只有每磅不到15美分了。这样,如果一个人做多头而且还满怀希望地持有并拒绝卖出,一心想着价格会反弹,那他能有多少机会赚到钱呢?尽管有过几次的反弹,但是直到1921年6月,棉花价格跌到11美分时下跌才终止。当然,对于逆市卖空并满怀希望地坚持不平仓的人来说,情况也是一样。1921年8月中旬,棉花的售出价是每磅13美分左右,但这时棉花价格开始攀升,30天内就涨到每磅21.5美分。因此,交易中要注意的唯一事情,就是减少损失且顺市而动。弥补20点或30点的亏空相当容易,但要想挽回200～400点的损失就非常困难了。要时刻记住这样的原则:尽量减少损失而积累利润。但要记住：利润必须要用止损单来跟进，因为如果你让到手的大笔利润飞了，那就像让烤熟的鸭子飞走一样愚蠢。

报告、新闻、流言和观点

大多数情况下，都有必要对农民的说法打个折扣，因为虽然他们很诚实，但毕竟他们是卖棉花的，当然希望棉花的价格越高越好。无论是涨还是跌，他们都容易走极端。如果棉花收成不好，他们就会夸大损失；而如果棉花收成很好，他们就可能夸大收成。对于种植棉花进行出售的人和购买棉花的纱厂，两者的要求恰恰相反，相同的是他们都要争取自己的利益，对此无可厚非，但是对他们的说法和观点，还是要打折扣的。

大盘反映的是大多数人的看法，揭示的是相反两方谁占优势，告诉你其走势是如何由供求关系所确定的。如果新闻、报告以及每个人的意见和观点与行情变化图和大盘相抵触，就暂时将他们搁置一边，不要予以考虑，因为最终起决定作用的还是供求关系。而即使有什么关于收成不好的消息，如果卖盘大于买盘，价格仍然会下降。当然，期货市场的总体走势不会长期与自然状况相抵触，但价格是由供求关系所决定而市场会贴现将要发生的事情。因此，在对任何好消息或坏消息做出甚为激烈的反应之前，一定要确信自己的行情变化图，并正确地解读它，确认消息，判断是否已被贴现。

交易的次数不是越多越好，因为频繁地进出股市会干扰你的思路，你交易的次数越多，犯错的机会就越大，对己不利的概率就越大。如果等待好的时机，就能始终获利。如果连续进行的两三手交易都不利，就肯定会蒙受损失，最好还是退出观望一段时间，直到判断思路清晰起来、股市的走势也确定下来为止。一般来说，旁观者清，脱离市场所做出的判断总要比身在市场所做出的判断更准确，因为这时候不存在能左右你的判断的期望和恐惧。

无论你是在新奥尔良棉花交易所，还是在纽约棉花交易所，或是在利物浦进行交易，都是一样的。一旦终于出现一波行情，市场的走势都差不了多少。某一天中，利物浦的市场走势可能和纽约的正好相反，但很少有两天都保持相反的情况。同样的道理，纽约和新奥尔良也是一样。这些市场总是沿着接近于平行的轨迹发展着。

所需资金的数量

交易商最经常忽略的重要事情之一，就是不知道通过交易棉花获利需要多少资金。很多人认为，当棉花的价格正常（每磅 9～12 美分）时，交易 100 包棉花只需要两三百美元就足够了。但从财务上来说，这无疑是一种自杀的行为。因为设想一个人第一手交易就损失了 20 点或 30 点，那么他的资金就不够做第二手交易了。进入棉花期货市场就像参与其他生意一样，不要想通过赌博获得成功。如果把投机或投资当作一种业务，那么大概经过数年就可以累积到一笔不小的财富。但如果把这当成赌博，幻想毕其功于一役，肯定会赔光所有的钱，而剩下的就只有一点点希望了。

如果棉花的价格像1915年以来这样高得不可思议（卖出价为每磅15~40美分），投资者就需要投入大笔的资金，这是因为止损单常常会发生作用，但同时可以赚取更多的利润。如果要进行100包棉花的交易，就应该用到2000美元的资金，再少就不安全了。这些钱不是用来在形势开始不利时买进100包棉花且坚定地持有，其用途是保证在支付几笔少量的损失后，仍然能有足够的资金继续交易，以便能适时出击并挣大钱。

如何使用止损单

在正常的市场上，如果震荡幅度比较小，你就使用不超过20点的止损单。而在震荡幅度比较大、表现特别活跃的市场上，你就要使用40点左右的止损单。但是，一手交易下来，最多可有200美元的风险。如果资金总数是2000美元，做了五手交易损失了一半的资金之后，又做了一手有200点利润的交易，这样就刚好保本不赚也不赔。但大多数人交易的方式恰恰相反——只是得到20点到40点的利润，却遭受了200点到300点的损失。这样，在棉花市场上将根本没有机会胜出。当然，在进行交易之前，应当初步试着判断走势，并尽可能做到正确无误。万一发现自己判断失误了，只有一种方法肯定是安全的，那就是干脆全部退出市场，或者通过下止损单来保护自己。这样，你就自动退市了。

一旦决定下单止损，就不要取消或是把止损点改成一个一旦被套就会造成更大损失的点位。如果你使自己蒙受了更大损失（虽然开始并不想这样），那证明你的做法99%是错误的。有时，行情对自己有利，通过撤销委托单来获利就可以了，千万不要撤销止损单。止损越早，你的资金就越安全，且可以使你的判断越准确。如果不从市场上退出，那么一旦交易不利，判断就会更差一些。实际上，到那时也就无法做出判断了，只是一心幻想着市场会逆转、会按照自己的想法发展。

如何进行金字塔式的操作

如果股市变化幅度很大，那么建议你进行金字塔式的操作。当然，股市的具体情况决定了你如何能安全而又频繁地进行金字塔式的交易。一般来说，在你买进100包后，应不进行第二次相同的操作，除非市场的发展趋势与你要求的相同。然后，在交易量达200包时下止损单，这样即使止损发生了，也不会像第一次买100包棉花时所面临的风险对应那么大的损失。

我们假设第一批100包棉花所确定的止损点位是40点，也就是200美元的亏损。现在，买进或卖出了第二个100包，在交易200包时下止损单的点位是40点。如果止损发生，你的后一批100包将损失40点，而前一批100包却能赚到20点。这样，相对于第一手交易的不利操作，形势就要有利多了。如果行情继续朝着有利于你的方向发展，且止损没有发生，那么你就可以根据自己的判断继续买进或卖出。但要切记，行情越是朝着有利于自己的方向发展，这波行情就越接近尾声。在一波历时很长的行情接近顶部时，一定不要加大买进。同样，在长时间的下跌后，接近底部时，也一定不要加大卖出。

棉花的跨式组合或套期保值

许多棉花交易商都认为，他们可以卖出一种时限，然后又买进另外一种时限，从而利用跨式组合将这两种期权更紧密地结合起来赚取更多的利润，结果十有八九是事与愿违，不仅没有获得任何利润，反而遭受了巨大的损失。如果你不能正确判断股市的走势，那么就不要同时进行两个方向的交易。当交易商确定做一笔跨式组合能赚到钱时，总会发生一些事情，使他们的如意算盘落空。一位交易商曾经对我说："我的经纪人建议我使用安全又可以赚取利润的跨式组合，我很高兴地接受了他的建议，结果却倒了大霉。"绝大多数跨式组合的结果都是这样的。

交易商还经常犯另外一种严重的错误，那就是当他们买进一种时限期货时，如果开始的行情便不利于他，也拒不认错，并拒绝接受损失的事实，进而卖出另外一种期权来套期保值。这样，他们在市场上同时做多头和空头，想要拿出正确的对策就必须兼顾两头，但不可能存在两全其美之举。他们总是终止可赚利润的交易，继续进行业已出现亏损的交易。这样，他们所得到的结果就与他们最初的愿望相反了。如果在市场上同时进行两个方向的交易，要想做出明确两个判断，是困难的，因为只顾一头就已经够糟糕的了。因此，不要使用套期保值和跨式组合，应尽量断定走势之后再进行跟进。

第28章　解读棉花大盘的正确方法

　　由前文可知，供求关系决定了棉花的期货市场的走向。解读棉花期货大盘和解读股市大盘唯一的区别就是：棉花期货大盘并不显示每笔交易的交易包数。这样，要想正确判断走势就比较费劲了，尽管我们不知道每笔正在交易的数量，但通过大盘的波动还是可以很清楚地显示出成交量的大小。如果有大量的买进或卖出，那么市场不会一成不变，而总是要朝着一个方向发生变化。因此，我们可以从行情变化图中看出是否正在进行大笔的交易。当波动幅度很小，且市场反应迟钝、不够活跃时，就说明买进和卖出降到了很小的规模，说明这时没有大的行情出现。因此，唯一要做的就是密切关注，等到有大动作出现时再适时跟进。

　　解读棉花期货大盘的最好方法和解读股市的一样——抽身离开。绘制股市行情变化图，安静地分析大盘，避开经纪人办公室和无处不在的闲话的影响，因为它们会干扰你的判断，常常使你错误地看问题。

　　棉花期货大盘和股市大盘一样，经常会使人们难以正确判断。

这是因为无论当地的天气是好还是坏，都会导致行情快速下跌或上涨，但这并不会改变大盘的主要趋势。而且，在解读大盘时，大盘有时会显得极强或极弱，你随即信以为真，并开始付诸行动。但事后却发现，你是在高位买进，而在低位卖出。随后，当大盘的主要走势恢复之时，你发现自己做反了，判断错了。当然，大盘又悄悄地带来希望，你则继续持有。如果你远离大盘，就会根据自己的规则进行交易、下止损单，而不会受到希望或畏惧情绪的影响。无论波动的大小，这一规则都是适用的。大幅下挫之前总会出现派发，而大幅攀升开始之前，也总要有一段时间出现吸筹。

派发或顶部区间

棉花的行情变化图13显示的是从1919年11月到1923年1月的十月份期权的行情变化。其中，包括所有重要顶部和底部、吸筹和派发。注意，从1919年12月6日到13日棉花期货从2970美分降到2700美分，随后，于1920年1月17日上升到了3140美分，又于2月7日再次下降到2760美分。随后的一个星期，行情在形成了一个比前一年12月的底部还要高的底部后，开始反弹。注意，在此之后，底部和顶部均渐行渐高。价格持续上涨，每个星期都比上一个星期高，直到4月17日所在的那个星期。此时，已经涨到了3715美分。接着，之后的一个星期（截止到4月24日）大盘上升到了3725美分的最终高点。随即迅速跌到了3430美分。但由于派发尚未完成，因此花费了一段时间。市场在很大幅度内上下波

动，几次冲到了接近 3700 美分的价位。5 月 22 日，在上升到了
3690 美分以后，便下跌到了 3410 美分。在那以后，于 7 月 3 日下
跌到了 3170 美分，然后又于 7 月 24 日反弹到 3530 美分。但正如你
所看到的一样，7 月 3 日的下跌一举跌破了派发区间，也就是说，
大的走势已经急转而下，每次出现反弹，都表明棉花期货都出现了
卖空。

清　算

随后，行情迅速下跌，到了 1920 年 9 月 4 日，价格跌到了
2550 美分。注意，接下来的那个星期，波动幅度很窄。之后，又开
始下跌且激烈的清算在不断继续，使棉花的期货价格在截止到 11
月 27 日所在的那个星期跌到了 1440 美分。此后，行情一度反弹到
了 1650 美分，到 1921 年 1 月，跌到了 1360 美分，在 1921 年 1 月
22 日，又反弹到了 1640 美分，仅仅略高于 1920 年 12 月 18 日的顶
部价格，此时，再次出现了大量卖出。注意，此时的波动方向是窄
幅向下，但底部和顶部双双进一步走低。这一波行情一直持续到了
3 月 5 日，价格跌到了 1200 美分。接着，开始了一个缓慢的反弹，
正如人们所看到的，在 5 月和 6 月初，价格回升到了 1400 美分的价
位，然后又一次下跌，使价格于 6 月 25 日跌到了最终的低价位
1120 美分。

吸 筹

这是一个陡峭的底部，紧接着出现了一次快速的反弹，于 1921 年 7 月 16 日，价格抬升到了 1320 美分，随后于 7 月 30 日又回调到了 1190 美分，又于 8 月 6 日反弹到了 1350 美分，因而自价格跌破每磅 3000 美分以来第一次在一个重要的新低价位上形成了一个更高的顶部。市场在这一位置休整了几个星期后，又开始上升，并超过 8 月份的高价位。这表明走势已经变化，到了买进的时机了。因为经过几个月在低价位上的窄幅震荡后，价格变得非常活跃，随时都可能会上涨。现在，当高于 5 月和 6 月的所有顶部的 1400 美分这一价位被突破后，便再一次明确地表明，一波大的行情即将到来，此时，正适合做金字塔交易。9 月份，价格迅速上涨，突破了 1920 年 12 月和 1921 年 1 月所创下的大约 1650 美分的高价位。上涨迅速，到了 9 月 10 日，已经达到了 2150 美分。随后，出现了一次快速的回调，到达了大约 1810 美分的价位，而这正是回调开始后止损单将你带出场外的价位。

如果你认为吸筹或派发前会发现上场或下挫的大行动，那么你是不切实际的。市场在超过 1800 美分的价位处停顿了几天，然后就反弹到了 2150 美分。这将是进行做空并在原来顶部以上 30~40 点的位置处下止损单的时候。此后，价格再次下降到了 1930 美分的价位，行情变得迟钝，且震荡的幅度很小。接着，再次出现了上升的行情，1921 年 10 月 8 日的反弹形成了略高的顶部 2175 美分。

下跌开始出现，并继续下跌，到了 11 月 19 日所在的那个星期时，价格跌到了 1520 美分。随后，出现了持续几个星期的缓慢反弹，在 1922 年 1 月 7 日，价格上升到了 1730 美分；随后，又下跌到了 1510 美分，与 1921 年 11 月 19 日的低价位形成了双重底，这是该买进的点位，你应该在比前一个底部低 30~40 点的地方下止损单。

牛市的第二阶段

此后，走势开始缓慢上扬。1922 年 2 月 25 日，价格涨到了 1720 美分，略低于 1 月份的最高价位。随后的一次回调又使价格跌到了 1640 美分，此时，行情呆滞且波动幅度也很小。当出现这样的情况时，应当等待观望一下，看看价格究竟是会跌破在 3 月 4 日那个星期第一次出现回调时的价位，还是会向上突破 1 月 7 日的高价位。直到 4 月 22 日所在的那个星期，价格突破了 1 月份和 3 月份的高价位。这表明，走势已经开始上扬。说明大量的买进已经开始了，所以可以断定此时将会出现大幅的攀升。在价格达到 2290 美分的 6 月 24 日以前，走势一直在上涨。稍后，价格迅速跌至 2070 美分，但又迅速反弹到了 2325 美分。这时候，接近顶部价位的行情又出现了呆滞和震荡幅度窄小的情况，你此时应当全部抛出并开始做空。

阻力位

在接下来的 7 月 29 日所在的那个星期，价格下跌到了 2090 美分；在 8 月 5 日所在的那个星期，价格又上涨到了 2290 美分，然后大幅下跌到了 2000 美分；在 8 月 26 日时价格又反弹到了 2290 美分，价格仍然没能突破 7 月初和 8 月的最高价位。这表明，2300 美分的价位处有派发，应当尽数抛出去做空，并在比原来的顶部高 30～40 点的点位处下止损单。接着，又一次下跌，使价格在截止到 9 月 30 日的那个星期再次下跌到了 2000 美分。2000 美分曾是 8 月 12 日达到过的价位，此时，就应当平仓并等待，或是买进并在比该价位低 30～40 点的点位处设置止损单，但结果显示没有跌破该价位。

牛市的第三个阶段

又一轮上涨开始了。行情迅速上涨，价格突破了 2300 美分而且还突破了 7 月和 8 月这两个月的所有顶部。这就说明，价格还会进一步上扬。到 1922 年 10 月 28 日的那个星期，价格已经上升到了 2400 美分后，然后就回落到了 2260 美分，再次反弹时击破了历史最高点 2415 美分，但此时行情变得非常呆滞且震荡幅度极小。如果你已经下了止损单，那么在出现回调时止损单就有作用。另一个需要注意的点位就是 11 月 4 日创下的最低价位。当在 12 月 9 日的那个星期到达这一价位时，如果你已经实施买进操作而且在低于该价位 30~40 点的点位处设置了止损单，这时止损单就不会起效。然后，价格恢复上扬的势头，行情持续走高，最终，棉花的价格在作者开始撰写这本书的 1923 年 1 月 24 日涨到了 2677 美分。在这一高价位完成派发之后，新一轮长期下跌的行情出现了，价格将会跌到 1500 美分或更低的价位。

只通过一张行情变化图，你就了解棉花期货价格涨跌的大盘了。这是因为，无论是窄幅震荡的正常行情，还是卖出价位极高的异常行情，都适用同样的规则。我曾经用一张行情变化图来说明交易的规则。你也可以用它来分析过去或将来任何时候、任何一种期货的走势，就会发现，市场的运动规律没什么差别。

一般情况下，对活跃的期货进行交易都会赚大钱，但不要在这些品种过于接近到期日时去进行交易。在接近交割日时，最好不要寻找大幅震荡和未履约中的机会，因为那种情况通常不存在。如果要买进下一个期货，那么就要买进那些能够顺利交割的期货。

第29章　如何判断走势的变化

当行情波动幅度很小时，应该把一天当中出现的每10点变化都记录在行情变化图上。这样，你就能判断出是在吸筹还是在派发，并找出阻力价位形成的位置。当期货的价格有所突破，并进入到新的区域时，你就能够紧跟走势。当价位很高且波动幅度很大时，只仅仅记录10点的震荡是不够的，应当记录一天当中那些30~40点的变化。这样，就能确定阻力位并判断出何时会突破吸筹区间或派发区间。

对于自己正参与交易的活跃期货，都应当绘制其每月、每星期和每天的高价位和低价位的行情变化图。你只不过花费15~20分钟的时间，就可以获得丰厚的回报。行情变化图的价值在于，确定获得或失去支撑的价位以及在上升行情中遇到的克服阻力的价位。这就使你在尽最大可能保护自己的情况下买进、卖出或设置止损单。

在激烈的上下波动后，市场几乎总会保持平稳一段时间，然后才会开始下一波的行情。此时的买进大约等于卖出，而且行情也窄幅稳定下来。然后，活动开始了，行情朝着某个方向运动，你就应当注意并跟进。当然，有时候可能会出现佯动。在发现有吸筹活动发生后，可能会传来一些消息，引发期货先是迅速下跌而后又迅速反弹。这时，如果价格向上突破了原来形成的价位，就可以认为行情已经逆转，价格将继续攀升。

当形成第一个顶部时，经常会遇到大量套利卖出的现象，从而形成空头净额。然后某些利好事件的出现会使做空者退缩并进行平仓，从而导致价格略有上升，但这会削弱技术面的形势。随后，将迅速下跌，如果这时跌破了先前的各个最低价位，且这时的市场变得非常活跃，这就表明趋势再次转而向下了。

不是天天都进行交易就是好事，而是要等待时机的出现。一旦发现自己的判断是正确的且行情走势有利，就要追涨或杀跌，直到走势发生逆转。不要刚一获利就停止交易，而是始终都要跟进行情变化图与总体走势所显示的趋势变化。不要在出现了很多利好消息时就认为是买进时机，也不要因为刚有利空消息出现就马上卖出。无论是利空还是利好，所有的消息其实已经被贴现。当然，在利空或利好消息公布之后，要考虑一下走势是看涨还是看跌。

千万不要在长期攀升或下跌之后就开始进行金字塔交易，因为此时时机不当。当走势在长期运动之后第一次开始转而攀升或下跌时，才能开始采用金字塔式交易。当价格到达顶部或底部时，根据已往的经验所总结的规律可知，这时一般都会发生一系列的快速震荡。随后，市场就会逐渐平稳下来，为下一次重大的行情奠定基础。

如果在一次较差的收成之后，某年春季的交易价格很高，那么在买进时就一定要小心谨慎，因为对半年后的新收成进行贴现而引起的下跌随时都可能出现。同样的道理，在一次较好收成之后的春季进行卖空，所遇到的情况也是这样。如果交易价格很低，就说明已经对上一年的收成情况进行了贴现，但尚未对未来的收成进行贴现，而将来的情况有可能会更加利好或更加利空。在大家都知道收成很好或极为糟糕之后，大多数情况下，要利用这一利好进行交易就太晚了。而行情变化图总会事先告诉你这些变化何时会在高价位或低价位发生。

如果一看到价格很高，就去卖空，那就是错误的，记住，只要条件合适，价格总是会继续攀升的。同样，也不要一看到价格很低就买进，因为总有可能会继续下跌。千万不要逆势而动，也不要去猜测底部或顶部什么时候出现。一定要耐心等待，直到行情变化图上可以显示走势已经发生了变化。在走势非常明确之后，总能通过买进或卖出来赚到很多钱。莽撞的人会赔钱并丧失机会，而行动太慢所造成的后果已是如此。

第30章 棉籽象鼻虫

大约20年前,这种害虫虽然很小,但当时已经对德克萨斯的棉花产生巨大的危害了。其危害程度逐步加剧,逐年向北蔓延,最终跨越了密西西比河,对南方各州的产棉区造成了巨大的破坏。虽然尝试了许多不同的方法来消灭这种害虫,但在我写这本书时,似乎所有的人都认为棉籽象鼻虫无法控制。这让我想起了1893年时,棉花的价格只有每磅4美分,人们感到无法接受,于是纷纷离开了他们自己的农场。亨利大叔说:"势态这么糟糕,一定得采取些措施,不能逼着人们去凭空想象一些事情。"当然,在人们纷纷放弃耕作,到锯木场去工作后,收成降低了,价格也开始上涨。在形势走向这样或那样的极端时,总会发生一些事情让人们忙活起来,开始思考并想出一种改变现状的方法。

1917年,英国人和法国人面临困境,而这时德国人却步步紧逼,必须采取行动的时刻到了,山姆大叔派出的队伍扭转了事态,阻止了灾难的发生。虽然美国人奢华浪费,但在很多方面都表现出了非凡的智慧,而且每个时代都有天才应运而生。每当我们遇到极端的情况，特别需要动脑筋的时候，这些人就会应运而生。目前，已经筹集了数百万美元来消灭棉籽象鼻虫。毫无疑问，将会有一个应运而生的美国天才用一种新的发明或是一种新型的杀虫剂来彻底消灭小小棉籽象鼻虫。到那时，那些鼓吹并期盼棉花期货价格达到每磅40~50美分的多头期货交易人，将会像棉籽象鼻虫那样消失得无影无踪。随着棉花价格降回到十几美分的价位，空头将再次来临。

自从1915年从每磅7美分的价格上升以来，棉花的价格就一直居高不下。我清楚地记得在1914年秋时南方的境况非常悲惨，他们敦促每一个人都去"买一包棉花"。当时，每包棉花的价格大约只有30美元，为了挽救南方，他们呼吁所有的人们以每包50美元的价格去购买。回想起来，有一天晚上我住在麦克阿平旅馆（McAlpin），当时，大堂里放着一包棉花，上面的牌子写着"购买一包棉花，帮助挽救南方"。这就是生产过剩的后果，即供应量很大，但需求量很小。当然，这其中有战争的爆发对价格产生巨大的影响的原因，因为战争阻断了欧洲人到美国购买棉花的道路。

当棉花价格是每磅29美分并且比多年以来的售价还高时，人们就认为棉籽象鼻虫就是那时的"皇帝"，再也不可能大量种植棉花来满足需求了。可是情况还是会发生变化，因此还会出现供大于求的情况。为什么呢？因为棉花售价为每磅25美分时，种植棉花就能赚到很多的钱。当一种生意很赚钱时，人们总是要会蜂拥而上，结果是造成生产过剩。目前，供应量很小而需求量很大，因此未来一定会走向另外的极端。我现在就敢断言：1923年的棉花种植面积很大，棉花的售价在1924年春季以前将是每磅15美分，而几年后还会出现每磅低于 10 美分的情况。

当极端情况出现时，大家都悲观失望，总是看跌，看不到价格上涨的希望；或者，当价格异常高时，大家又会认为情况就是如此，不希望看到价格下跌。此时，恰恰应当进行逆向思维，根据大盘和行情变化图来作出判断，因为大盘和行情变化图都会根据供求关系的自然法则来显示出正确价格变化的规律。

第31章　小麦和玉米交易

如前文所述，小麦和玉米期货市场跟棉花期货市场差不了多少，但跟踪起来要比股市容易得多。因为这些期货市场更为简单，一旦断定了走势，所有期限的走势几乎就是一样的。如果买进或卖出时，都依据对走势正确的判断，那么，就会赚到钱。而在股市上交易时，即使比如对铁路股的判断是正确的，但如果你买进或卖出的是滞后的个股，那么往往也赚不到什么钱，甚至还会赔上一部分本金，尽管你对走势的判断是正确的。而这种情况在进行粮食期货的交易时，几乎不会出现。因此，对于期货市场一定要仔细研究，因为每年只是在发生季节性变化时才有几笔赚大钱的机会。

反常的市场

记住，要隔上几年才会出现一次波动幅度非常大的反常市场行情。因此，一定不要妄想在常规情况下就能从这一反常市场中获得非同寻常的财富。在过去7年当中，或者说自从战争爆发以来，我们曾经遇到过反常市场，当时小麦和玉米期货都曾经出现过大幅波动，幅度要比常规情况下人们所预测的大得多。当时，有很多交易员都错过了发大财的时机，因为他们一直想着获取战争带来的利润，这样做是没有合理的理由，也不是以可靠的依据作为基础的，只不过是在赌博罢了。

小麦、玉米和燕麦期货的价格在大多数情况下，是由美元的购买力决定的。1895年和1896年，种植小麦的农民是以每蒲式耳60美分的价格出售自己的粮食，比起现在以每蒲式耳1美元的价格出售粮食来说，获得的利润更可观，因为美元的购买力降低了，而劳动力和土地的价格却升高了。当这些有关条件发生变化，而农场的劳动力价格又恢复正常时，小麦和玉米期货的价格自然也就低了。因此记住在判断行情走势时，所有这些所决定自然条件的因素都要考虑进去。

所需资本

所需资本的多少取决于小麦期货的价格在常规年份窄幅震荡还是在反常年份剧烈震荡。在我看来，无论在什么条件下交易5000蒲式耳的期货都至少要有2000美元的资本。这样，如果把每蒲式耳的损失限定在2美分到3美分，那么就可以不断地进行交易，直到获利最终超过损失。

假定你在距离4点处下止损单，这就是说，每5000蒲式耳的期货会损失200美元，那么你所有的资金可以进行10次交易。如果你交易了5次且每次都赔了，但依然还有继续交易所需的资金；而如果你成功地跟踪了走势，做2次交易就可以把前面5次交易造成的损失弥补回来。

在常规市场中，每次交易5000蒲式耳的玉米期货就应当使用1000美元，损失应限制在每蒲式耳2美分左右。每蒲式耳下止损单的价位不应超过当前价位上下3美分。如果一次交易担负了多于3美分的风险，那就有关危险了。如果你发现自己的判断有失误，那么，就要及时退出交易去等待新的时机。

用止损单加以保护

在进行小麦或玉米期货交易时，每次交易都应当用止损单，从事交易而不下止损单的人，迟早会把钱都赔进去。一般来说，如果每次交易中，风险超过了每蒲式耳2美分到3美分，就有些不值了。即使在异常狂热的市场中，也不能超过每蒲式耳5美分。如果你不能判断出波动幅度为每蒲式耳5美分内的顶部和底部的价位，那就证明你的判断是错误的，你应及时退出交易去等待走势发生变化。

千万不要逆市而为，否则发生止损的情况就要多出很多。在牛市中，始终要在价格出现下挫时买进；而在熊市中，则要在价格反弹时进行卖出。不要赌行情何时会达到顶部或底部，而是要根据大盘所显示的来定论。行情出现之后要等上一段时间，走势的改变是来自于供求关系的改变。

金字塔式交易

在市场表现活跃时，使用金字塔交易方法最合适。交易的间隔时间自然取决于市场。在波动很小的市场中，应当等第一笔交易朝着有利的方向上涨或下跌4~5美分之后再继续买进或卖出。如果是战争时期，那么就可以等到每蒲式耳上涨或下跌7~10美分之后再进行金字塔式的交易。在常规市场中，当每蒲式耳的小麦价格上涨或下跌10~12美分之后，你就一定可以判定会出现每蒲式耳3~5美分的反向运动。因此，当在顶部或底部处出现10美分的震荡时，你如果想在顶部或底部买进或卖出，就一定要深思熟虑。

一旦市场脱离了吸筹区间且走势明显看涨或看跌，则出现价格回调的概率就会很小。在吸筹或派发发生时，应当快速套取小额利润，但这时万万不可用金字塔式的交易。要等到已经完全脱离吸筹或派发区间之后，才继续买进或卖出。

第32章　判定吸筹区间和派发区间

在进行粮食期货交易时，同样要遵守与股票和棉花期货的交易规则一样的规则。任何重大或持续的行情出现之前，总需要大量时间去吸筹或派发。如果某种时限期货表现得很活跃，你就应当每天、每星期、每个月都在行情变化图上记录其相应的高位和低位。这样，就能从每天的行情变化图上推断出那些只是维持短短几天的小行情开始出现的时间；而有了每个星期和每个月的行情变化图，你就能判断出主流走势何时会发生变化，从而能及时买进或卖出，从而能紧跟走势的变化。

小麦期货价格的月度变化区间

与股票市场一样，期货市场的价格也是由供求关系所确定，而揭示集合买力或卖力的大盘或行情变化图则会告诉你价格的整体走向。

1894年到1895年，小麦期货的卖出价只有每蒲式耳50美分，这可是内战后出现的最低价位。连续几年，价格都没有出现大涨，一直维持在很低的价位。请注意图14，1895年到1898年的行情变化图。1895年12月，五月份小麦期货的最低价格是56美分；随后，在1896年2月到4月间反弹到了68美分，但在5月又跌回到了前一年12月的56美分；在这之后，价格突破了高于派发区间的68美分，一下涨到了85美分；请注意，在随后的四个月里，又出现了与此相同的高价位；然后，又于1897年4月回跌到了64美分；随后，价格开始攀升，并突破了几年以来的最高价位85美分。1897年8月，价格上升到了每蒲式耳1美元；接着便在跌到88美分之后，开始在88~95美分之间连续窄幅震荡了四个月。1897年12月，价格上升到了高于四个月以来的最高价位98美分。

如前所述，在任何一次大幅攀升或下跌行情出现之前，一定要花很长时间来吸筹或派发，然后行情才能开始。从1897年8月到1898年2月，大多数的人都在以高于此前几年最高价位的价格买进。换句话说，所交易的价位就在此后七个月里创下了新高。而一旦走势改变，价格向上突破1美元时，其还会继续向上涨到1.09美元，说明该变化是一波大的行情。1898年3月，五月份到期的交易价格一直在1.02美元到1.07美元之间窄幅震荡，但所有的迹象都表明，走势在看涨。之后，一波大的行情就开始了，到了1898年5月，五月份小麦期货价格就涨到了1.85美元，这就是雷特囤积（Leiter Corner）。雷特先生买进了大量小麦期货，但没能维持在高价位，结果最终囤积崩溃，小麦期货的价格一下就跌到了每蒲式耳不足1美元。

1898年9月时，可以看到五月份小麦期权又跌到了每蒲式耳62美分左右，而且连续三个月的价格都维持在这一价位。到1899年1月，期货价格就涨到了79美分左右；此后就出现了窄幅震荡的常规行情；而1898年7月和9月，价格又攀升到了79美分左右；随后，在1900年3月到5月间，价格又跌到了64美分，而这时候价格震荡的幅度也下降到了每月3~4美分。

波动图

在接下来的很长一段时间里，市场都处在窄幅震荡阶段，但从行情变化图15（其显示了从价格开始逐年攀升的1895年初以后的大波动——主要的顶部和底部）中可以看出，在1914年战争爆发之前，每次底部的价格都比原价高一点；而在战争爆发以后，价格更是上扬到了异常高的价位，于1917年5月达到了3.25美元。

对于1904年秋和1905年初的顶部需要加以注意的是，当时小麦期货的价格达到了1.20美元这一雷特囤积以后的最高价位，当时的派发区间是1.08美元到1.20美元，而价格跌破这一价位之后就于1905年6月进一步迅速跌到了82美分。这种情况一般在每次长时间的买进和派发之后都会反复会出现。一旦价格突破了买进区间或派发区间，总会随之出现一次迅猛的行情。

需要注意的是一下从1906年3月到1907年4月间的底部价位，在这12个月里，震荡幅度一直都很小。1906年9月，价格跌到了75美分，并且在1907年5月以前始终没有反弹到81美分以上。在这9个月当中，吸筹的价位一直都在窄幅波动。1907年5月，价格攀升到82美分时，这些期货也就脱离了吸筹区间并随即在5月份迅速上涨到1美元。而到1907年10月，出现麦蚜虫引起的恐慌时，小麦期货的卖出价就成了1.12美元。

仔细分析在行情变化图15，1911年4月份的小麦期货最低价是84美分，而到1912年5月则涨到了1.19美元。而从1913年到1914年长达两年的时间里，小麦期货一直处在吸筹过程中。1914年6月到7月，价格又跌到了1911年的最后一个低价84美分。在1912年10月到1914年7月的大部分时间里，价格都在每蒲式耳6~10美分的幅度之间震荡，这清楚地说明了这又是一次跟1906年到1907年间完全一样的大规模买进。

7月下旬，战争爆发了，粮食期货的价格也随之上涨。当价格突破了1美元的买进价位时，说明大幅度的上扬开始了。尽管全国的粮食收成都很好，出现了大量过剩的现象，但价格还是在1914年9月涨到了1.32美元。虽然后来曾经暂时下挫到了1.11美元，但到1915年2月，连续几个月吸筹之后的小麦期货价格涨到了1.67美元。由此可见，这一价位大约维持了4个月而在此期间派发开始了。1915年9月，价格跌到了93美分，1916年1月又涨到了1.38美元，1916年5月又跌落到了1.04美元。

接下来的时间里，由于欧洲小麦几乎绝收，同时其他国家大量地买进。因此，小麦期货的价格在1917年5月涨到了3.25美元，就在这时，政府宣布停止期货交易，将小麦的现货价格定为每蒲式耳2.05美元。1920年7月，期货交易恢复，12月份小麦期货以2.75美元开盘。随后，价格便开始不断下跌，到了1921年4月，五月份小麦期货的价格跌到了 1.20 美元。1921 年 5 月，由于出现财政问题的缘故，五月份小麦期货的价格涨到了 1.85 美元。1921 年 11 月，其价格又回跌到了 1.04 美元，而这正是先前曾于 1916 年 5 月才出现过的最终底部价格。

从行情变化图上可以看出，随后的几个月一直是在很小的变化幅度内进行吸筹，到了 1922 年 2 月，五月份小麦期货的价格攀升到了 149.875 美分。而且从 2 月份到 4 月份，价格在这一价位附近波动，却一直没能突破 2 月份的高位价格。1922 年 5 月初，五月份小麦期货卖出价是 1.47 美元，大家都对小麦期货看涨，期望能涨到 2 美元。但记录大盘变化、说明供求关系的行情变化图却明确显示，近 4 个月来，一直都有人在以 1.44~1.48 美元的价格供应小麦期货。

1922 年 5 月份的价格下跌得非常快，迅速下跌到了 1.16 美元，小麦期货继续缓慢下挫，至 1922 年 8 月，五月份小麦期货跌到了 1.05 美元。从 8 月到 10 月，价格一直维持在 1.06~1.12 美元之间；然后，于 1922 年 12 月一举突破这一价位，涨至 126.875 美分。请注意，上一次的最低价位 1.04 美元是在 1916 年 5 月出现的，1921 年 11 月，又出现了同样的价位，而 1922 年 8 月出现的 1.05 美元也是与其大致相同的价位。如果五月份小麦期货再次出现 1.04 美元的价格，就说明了价格还会进一步回跌，很可能会一直跌破每蒲式耳 90~93 美分左右。假如价格突破了上一价位 126.75 美分，那就充分说明价格还会继续上攻。

无论是做小麦期货还是玉米期货、燕麦期货或是大麦期货，都要绘制一份行情变化图，并按照上述方法进行推断出，吸筹区间和派发区间。一旦价格突破了这些区间，就应当马上进行跟进。千万不要盲目进行交易，不要因为价高就卖出，也不要因为价低就买进。一定要等到能看出走势明确显露之后，才跟进。

周行情变化图

小麦期货和玉米期货都会出现尖顶尖底和平顶平底的情况。行情变化示意图16示出了五月份小麦期货每周的最高价位和最低价位。从中需要注意的是，1921年4月16日，五月份小麦期货跌到了1.19美元，随后又反弹到1.32美元左右，并连续两个星期在此价位出现窄幅波动，最终于5月底迅速蹿升到1.85美元。这是在尖底处的一次迅猛攀升，吸筹过程只花了短短两三个星期的时间。随后，便在空头补进之后迅速上涨至一个新的高价位。

分析一下从1921年10月到1922年1月的每周行情变化示意图，就会发现，吸筹的时间明显超过了14个星期，而且价格一直没有低到103.5美分这一曾经于1921年11月5日出现的价位。价格长期维持现状说明，庄家正在买进。但如果一直等到有了明确的迹象表明价格已经涨到高于吸筹区间的1.20美元，那么就会赶上一波行情，其中该行情表现为上扬迅速，在四个星期内，小麦期货的价格上扬了28美分。

请注意，价格于1922年2月27日涨至149.875美分之后，就迅速下跌到1.30美元。经过四五个星期的窄幅波动后，价格在4月1~8日前后跌到了128.5美分的最低价位。派发持续了5个星期，这时有大量时间可以去卖空并转而做空，只是要在 2 月份和 4 月中下旬出现的高价位以上 2 到 3 美元的价位设置止损单。

此后，5 月出现了一次快速下跌，价格开始缓慢变低。到了 1922 年 8、9 月间，五月份小麦期货的价格跌到了 104.5 美分。但需要注意的是，这时又出现了连续五六个星期在一个震荡幅度很小的价位上吸筹的现象。在 9 月 23 日结束的那个星期，价格突破了吸筹价位，说明走势已经转而向上了。虽然此后曾出现回调，但还是继续上扬，并于 1922 年 12 月上升到了 126.75 美分，通过分析，每天行情变化示意图，我们可以选择在这一价位上以接近顶部的价格卖出。

判断走势的变化

通过研究市场的活动情况，即使一旦走势发生了重大变化，也可以从中判断出来。小麦期货和棉花期货每天交易的确切数量虽然无从知道，但从震荡的幅度判断什么时间有大笔交易的方法。例如：

假设某一天五月份小麦期货的交易价位是 1.24 美元到 1.26 美元，但成交价格在高价位和低价位之间震荡了五六次，也就是说，在同一幅度内上下波动。这样，我们就会认定正在进行大笔交易，而且有人在 1.26 美元左右的价位卖出并以 1.24 美元的价格买进。但是，如果第二天跌到了 1.24 美元以下，就说明前一天的成交价位已经失去了支撑；如果涨到了 1.26 美元以上，则说明在该价位卖出的小麦期货已经被完全吸纳，价格还会继续上涨。

但是，假设一天之内小麦期货的交易价位波动区间是1.24美元到1.26美元，但只不过是以1.24美元开盘，此后就毫无反复地径直攀升到了1.26美元，那就可以得出结论：交易量还没有大到足以表明庄家是在为即将发生的走势变化做准备。

供求关系

当行情开始上涨之后，就会持续上涨，直至达到供求大约相等、价格开始固定下来为止。随后，当供给一直增加并超过需求时，价格就会开始下跌。

在长期下跌或长期上涨过程中，行情达到了供给被吸纳时的价位，走势就会向下一个价位继续移动。其中，在该价位上，出现了另外一波大的供给且该供给被完全吸纳。最后，达到供给远大于需求时的价位，这时有派发，价格开始了新一轮的长期下跌。因此，在底部或顶部完成吸筹或派发往往需要花上几个星期，有时甚至几个月的时间，然后一波大的行情才会开始。

在走势发生变化之后，行情第一次或第二次稳定下来时，在该价值上买进或卖出无一例外都会有损失，因为这仅仅是在该价位吸纳卖出或是满足买进的停顿时期。在这样的停顿后，主流走势继续向下一个价位移动。因此，千万不可逆势而动——应该始终顺势而动。如果只是暂时逆势交易一下并有幸小赚一把，也要保持清醒，就要见好就收。与此同时，要下止损单来保护自己的交易。另外，在逆势而动时，千万不能完全背离了走势。

选择经纪人

最后但很重要的一点是，选择一位可靠的经纪人。在过去几年中，因为经纪人的原因而导致失败的事例已经造成了数百亿美元的损失。因此，知道何时买进和卖出很重要，而知道自己的钱财是否安全、赚到了钱就是否连本带利一块拿到手也同样重要。

经过适当的调查，确保自己所选择的经纪人是可靠的，这不仅是指财务方面的安全，而且还指需要弄清楚他本人或是其所在的公司是否可靠，是否进行过投机。从事投机或是允许别人拿企业的信誉或客户的钱去进行投机的经纪人，都是危险的。

因此我建议，不能与那些不属于纽约证券交易所、纽约棉花期货交易所或芝加哥交易行的经纪人去进行交易。隶属于其他交易所的经纪人机构中，也有几家既诚实又可靠的。因此，在开户之前一定要对经纪人机构进行调查。

如果你想获得成功，那么最好是实践本书所提出规则。这些知识非常实用，是我多年的苦心和不断实践的结果。如果你反复阅读这本书，那么每读一遍都会有新的收获，都会得出一些大有裨益的新想法。如果严格按照本书的所提的规则进行保守的交易，同时也没有不合实际地匆匆忙忙地买进或卖出股票，那么肯定就会取得成功。在几年之后，您一定会感谢我助你走上了成功投机和投资的正确道路。